서정시학 시선집

수원 남문언덕의 노래

최동호 수원시선집

서정시학

최동호
1948년 경기도 수원 출생. 고려대 국문과, 동대학원 문학박사.
경남대와 경희대, 고려대 교수 역임. 현 고려대 문과대 국문과 명예 교수 겸 경남대 석좌교수.
대산문학상, 만해대상, 몰도바 작가연맹문학상, 미국 제니마문학상 등 수상.
시집 『황사바람』(1976), 『아침책상』(1988), 『공놀이하는 달마』(2002), 『불꽃 비단벌레』(2009), 『얼음 얼굴』(2011),
『수원 남문 언덕』(2014), 『제왕나비』(2019), 『황금 가랑잎』(2019) 등.

서정시학 시선집

수원 남문언덕의 노래

2022년 3월 10일 초판 1쇄 발행

지 은 이 • 최동호
펴 낸 이 • 최단아
편집교정 • 정우진
펴 낸 곳 • 도서출판 서정시학
주　　소 • 서울시 서초구 서초중앙로 18, 504호 (서초쌍용플래티넘)
전　　화 • 02-928-7016
팩　　스 • 02-922-7017
이 메 일 • lyricpoetics@gmail.com
출판등록 • 209-91-66271

ISBN 979-11-88903-94-8　03810

계좌번호 : 국민 070101-04-072847 최단아(서정시학)

값 15,000원

* 잘못된 책은 바꾸어 드립니다.

수원 남문언덕의 노래

최동호 수원시선집

서정시학

목 차

■ 서문 시적 상상력의 뿌리를 찾아서

제1부 수원의 시

제1장 근작시(2015-2021)

* 팔달산 치인산방 15
* 공방거리 한데 우물가 16

제9시집 『황금 가랑잎』(2021)
영통 느티나무의 영혼 18
어머니 범종소리 19
바다를 잃어버린 소년 20
수원 남문 돌계단 21
찐빵 얼굴 초등학생들 22
차 없는 공방거리 23
정조와 연산군의 시편을 읽으며 25

제8시집 『제왕나비』(2019)
양철지붕에 대한 추억 27
황금물고기 28
지동시장 봄바람 29
화령전 30
중학생 31

제2장 중기시(2012-2014)

제7시집 『수원 남문 언덕』(2014)

수원천 34

팔달산 아이들 35

화령전 36

산이 된 소년 37

황금 햇살 38

화랑 담배 39

깃털 40

미루나무 책갈피 41

소년의 꿈 42

수원 남문 언덕 43

*아! 수원중학교, 미래의 주인공들아 45

제3장 초기시(1976-2011)

제6시집 『얼음 얼굴』(2011)

남창초등학교 48

논둑길 49

지구 뒤꼍의 거인 50

새벽 51

가을빛 목구멍 52

단추 53

제5시집 『불꽃 비단벌레』(2009)

몽당연필 55

정희 고모 56

* 젊은 수원의 빛이여 혼불을 높이 들어 올리자 57

제4시집 『공놀이 하는 달마』(2002)

생선 굽는 가을 59

어린아이의 굴렁쇠 60

불빛 눈동자 61

어린아이와 산을 오르다 62

공놀이하는 달마 63

제3시집 『딱따구리는 어디에 숨어 있는가』(1995)
눈 뜨는 봄날 65

제2시집 『아침책상』(1988)
해질 무렵 67

제1시집 『황사바람』(1976)
성터에서 69
절규의 성城 70

■ 해설 나뭇잎 책갈피 속 황금 가랑잎 / 권성훈 71

제2부 수원의 추억

수원중학교 신입생 모자 탈취사건 84

팔달산 대승원의 계수나무와의 인연 86

남창동의 추억과 영화 "사랑손님과 어머니" 90

내 인생을 전환시킨 몇 가지 순간들 94

수원의 유년 시절의 체험이 발효된 나의 시 100

노벨상 시상식에서 바라본 한국 104

세계지성의 빛나는 축제 노벨상 시상식 106

노벨문학상과 한국문학 그리고 문학이란 무엇인가 109

■ 최동호 시비평 소묘 118

제3부 수원의 노래

I. 수원 남문 언덕 4악장
    1. 풍상의 세월 161
    2. 들꽃 입술 167
    3. 영혼의 푸른 책 174
    4. 검푸른 팔달산 180

II. 수원 남문 언덕 185
III. 팔달산 아이들 190
IV. 화령전 196
V. 산등성이 다람쥐 200
VI. 문득 생각난 사랑 203
VII. 꽃 한 송이 기리는 삼월의 노래 211

■ 최동호 연보 219
■ 출간 저서 222

시적 상상력의 뿌리를 찾아서

그동안 발간한 아홉 권의 시집에서 유년 시절의 체험이 녹아 있는 내 고향 수원과 관련된 시 마흔세 편(미발표시 세 편 포함)을 골라 놓고 돌아보니 말로만 그런 것이 아니라 실제로 수원에서의 유년시절 체험이 내 시의 원천이라는 것을 깊이 깨닫게 되었다.

일제말 징용을 피해 수원에 오신 선친과 수원금융조합에 다니시던 어머니의 결혼은 당시 온 장안의 화제가 되었다고 한다. 나의 선친이 동경 유학생 출신으로 모두 선망하는 신랑감이었기 때문인지도 모른다. 어머니의 결혼 생활은 그다지 행복하지는 않았지만 벚꽃이 만개한 1945년 봄날 수원사에서의 결혼식 날을 회상하실 때에는 얼굴이 붉게 물들여지면서 스무 살 처녀 시절로 되돌아가시는 것 같았다.

광복 후 아버지는 공직에 근무하게 되었고 어린 시절 아버지 임지를 따라 지방 항구도시 여러 곳을 전전하였다. 나를 출산하실 무렵 아버지 근무지는 부산 세관이었고 어머니는 출산을 위해 친정으로 가기 위한 비용을 마련하지 못해 고심하다가 아버지 새 양복 한 벌을 부산 광복동 시장에 가서 팔아 겨우 차비를 마련해 친정으로 돌아와 출산과 산후조리를 할 수 있었다고 했다. 당시 부산에서 수원까지는 기차로 열두 시간이 넘는 긴 여정이었다.

돌이켜 보면 유년기 지방 여러 도시 체험은 조각조각 빛나고 있을 뿐 기억에 거의 남아 있지 않다. 1958년 수원 남창 초등학교로 전학하여 출생지로 돌아온 다음 겨우 한 인간으로 나의 존재를 구체적 자각하기 시작했던 것 같다. 여기서 더 생각해 볼 것은 왜 그렇게 나에게 수원이 중요한 것이었을까 하고 스스로 던져 보게 되는 의문이다. 그것은 아마도 무너진 성터에 대한 기억이 열 살 전후의 어린 아이가 지닌 무의식의 심층에 폐허의 장면으로 각인되었기 때문이 아닐까 한다.

당시 수원에서는 '북문은 부서지고 서문은 서 있고 남문은 남아 있다.'는 말이 유행했다. 성벽은 무너지고 출입문도 부서져 버렸는데 겨우 남은 남문 언덕에 있는 남창초등학교를 걸어 다니면서 공방 거리를 지나다녔던 어린 초등학생의 발걸음 소리는 작고 여린 것이었지만 그의 인생에서 지울 수 없는 생생한 기억을 발효시켰다고 할 수 있다.

20세기의 대저라고 하는 12권의 『역사의 한 연구』를 완성한 A.J. 토인비(Toynbee)는 이 연구의 결정적 단초가 되었던 것은 폐허가 된 고대 그리스의 신전을 바라보면서 착상한 것이었다고 회고한 바 있다. 서양문명의 고향이라고 할 수 있는 그리스 신전의 무너진 기둥과 버려진 돌들은 그대로 전쟁으로 폐허가 된 수원의 부서진 성벽과 무너진 성문에 겹쳐지면서 고독한 어린 아이의 상상에 지울 수 없는 흔적으로 남겨졌다고 말할 수 있을지도 모르겠다.

　이후 수원화성은 거듭된 복원 사업으로 화려하게 부활하여 유네스코세계문화유산이 되었지만 내 의식 속에서는 아직도 폐허의 거리를 걷던 초등학교이나 중학 일학년 학생의 기억과 상상력 속에서 발효되어 숙성 중이라고 해도 과언이 아니다. 이후 세상살이를 칠십 넘게 경험한 다음 내가 걸어야 할 문학적 행보는 최초의 출발점으로 돌아와 더 깊은 생의 근원을 향해 도전하고 한 걸음이라도 더 앞으로 나아가는 시를 쓰는 것이라 할 수 있을 것이다.

　이 책을 엮는 과정에서 수원에서의 체험을 바탕으로 한 산문과 수원에서의 문학특강을 수록하였고 노래로 작곡된 악보도 첨가하여 수원을 사랑하는 많은 분들에게도 조금이라도 도움이 되고자 했다.

　처음부터 적격이 아니라고 거듭 사양했음에도 불구하고 '수원문화예술인선양사업' 첫 대상자로 선정하여 후원하고 지원해 주신 후원 기관과 단체에게 뒤늦게 감사의 뜻을 표한다. 앞으로 이 사업이 더욱 발전하여 수원의 문화예술인이 많이 발굴되고 선양되어 문화예술의 풍요로운 성이 새로이 조성되는 과정에서 이 책이 기초가 되는 작은 돌덩어리 하나가 되기를 소망한다.

2022년 2월 26일

최동호 삼가 씀

제1부

수원의 시

제1장

근작시(2015-2021)

팔달산 치인산방

햇빛이 환하게 빛나는 여름날

꽃밭 앞에서 시집 한 권을 읽었다

눈감고 들으니 꽃들이 소곤거리며 말하고

바람이 웃고 있다 새들이 노래하고

누군가 살포시 다녀가고

시집 속의 글자는 다 지워지고

꽃들이 주고받는 말소리를 받아 적어

시집을 가득 채웠다

알 수 없는 향기에 취해 잠간 졸았다 깨어나는 사이

나비 하나 담장 너머로 날아가고

아무리 시집을 다시 뒤져 보아도

찾을 수 없는 꽃들의 말소리가

책 밖에서 간지럼 타는 소녀들처럼

나를 놀리듯 까르르 웃고 있다

(2020년 8월 15일)

공방거리 한데 우물가

　남창초등학교 언덕을 내려와 공방거리를 걷던 어린 시절 어느 날 작은 그림자가 나를 따라오고 있었다. 모른 척 앞으로 가고 있는 나를 따라 발걸음 소리도 나지 않게 나를 쫓아오던 그림자는 어느 날부터 사라지고 나는 홀로 걷는 사람이 되었다.

　거리를 떠나 먼 나라의 바다와 산을 넘어 회귀하는 물고기처럼 다시 공방 거리로 돌아왔는데 홀로 걷는 나를 또 누군가 뒤쫓아 오고 있었다. 어디 갔다 이제야 돌아왔느냐고 나에게 묻고 있었다.

　나는 아무 일도 한 게 없다고 말해주었지만 그는 나를 쫓아오면서 묻고 있었다. 무얼 하며 살다가 돌아 왔느냐고. 마치 내가 오면 기필코 무언가 알아내려고 기다리고 있었던 사람들처럼. 초등학교 동창들은 할아버지가 되고 손자와 가족을 거느리고 살고 있었다. 산다는 것이 그런 일인 것처럼 그들은 아이 낳고 또 아이를 낳고 동네 할아버지가 되어 살고 있었다.

　문득 나는 나 자신에게 물어 보았다. 어디 가서 무얼 하다가 돌아 왔느냐고. 어린 시절 그 발자국 소리가 나를 따라 오고 있었지만 나는 그것을 잊어버리고 살았다. 한데 우물가에서 웃고 떠들다가 귓속말로 흉보던 동네 젊은 아낙네들도 다 할머니가 되거나 혹은 사라졌는데 등 굽어 돌아온 나는 옛날의 그 아이가 되어 또박또박 공방 거리를 걷고 있었다. 아직 그 발걸음을 다 떼어내지 못하고 있는데 등 뒤의 그림자는 자꾸 나보다 커지고 있었다.

(2020년 10월 24일)

제9시집

『황금 가랑잎』(2021)

영통 느티나무의 영혼

하늘과 인간을 이어주는 나무가 대지를 딛고 당당하게 수호신처럼 서 있었다. 마을 사람들은 언제나 거기 느티나무가 있으리라 생각했다. 봄맞이 청명제사 때 막걸리를 바치고 치성 드리면 무성한 푸른 잎을 늘어뜨려 그들을 지켜 주리라 믿었다.

어느 날 한 줄기 봄 태풍이 영통 마을을 지나가다가 고층아파트에 길이 막혀 회오리바람이 되었다. 처음에는 어린아이 다루듯 잔가지를 가볍게 흔들어 보이던 느티나무가 점차 바람에 취해 우람한 줄기들을 흔들며 춤을 추기 시작했다. 아파트보다 높이 두 팔을 치켜 올리니 세상이 들썩거리고 길목을 막아선 아파트들도 몸을 흔들었다.

회오리바람 따라 밀집한 아파트 사이를 신령한 기운이 빠져나가면서 느티나무가 자신의 팔뚝 하나를 지상에 내던졌다. 갑자기 한쪽으로 기운 느티나무의 팔다리가 우두둑 잘려나갔다. 거대한 몸체는 견디지 못하고 두 쪽으로 갈라지고 오백년 묵은 붉은 우유 빛 속살이 드러났다.

당산나무의 최후는 우연한 사건이 아니라 밀집한 고층아파트들이 만든 재난이었다. 느티나무 가지가 부러져나가는 모습을 숨어서 지켜보던 사람들이 뒤늦게 모여들어 그의 죽음을 수습하려고 해 보았지만 그것은 누구도 범접할 수 없는 장엄한 의식이었으며 하늘과 인간을 이어주던 대지의 영혼이 뿌리 뽑힌 역사적 사건이었다.

* 2018년 5월 태풍에 500년 넘게 영통 마을 언덕을 지키고 살던 느티나무가 쓰러지는 사건이 발생했다. 당시 영통구청장이던 박래헌 씨의 증언을 듣고 두 차례 현장을 답사했다.

어머니 범종소리

어린 시절 새벽마다 콩나물시루에서 물 내리는 소리를 들었다.

이웃집에 셋방살이하던 아주머니가 외아들 공부시키러 콩나물

키우던 물방울 소리가 얇은 벽 너머에서 기도소리처럼 들려왔다.

새벽마다 어린 우리들 잠 깨울까 봐 조심스럽게 연탄불 가는

소리도 들었다. 불을 꺼트리지 않고 단잠을 자게 지켜주시던,

깨어나기 싫어 모르는 척하고 듣고 있던 어머니의 소리였다.

콩나물 장수 홀어머니 아들이 어떻게 되었는지 나는 모른다.

어머니 가시고 새벽마다 콩나물 물 내리는 소리 지나가고 나면

불덩어리에서 연탄재 떼어내던 그 정성스러운 소리가 들려온다.

새벽잠 자주 깨는 요즈음 그 나지막한 소리들이 옛 기억에서

살아나와, 산사의 새벽 범종소리가 미약한 생명들을 보살피듯,

스산한 가슴속에 들어와 맴돌며 조용히 마음을 쓸어주고 간다.

바다를 잃어버린 소년

시골 초등학교 운동장은 어린 시절 바다보다 넓었는데

오랜 후 그 운동장에 가 보고 크게 실망하고 말았다

젊은 시절 내가 그만큼 성장한 탓이라 생각했었는데

바다보다 넓은 운동장을 잃어버린 내가 작아진 것이다

수원 남문 돌계단

남창 초등학교 학생 시절 수원 남문
청소 당번이 된 우리는
다람쥐 장난하듯 먼지 수북한
다락과 계단을 분주하게 오르내렸다

잠시 돌계단에 앉아 곱은 손을 내밀어
겨울 햇살을 어루만져 보았다
손바닥에는 차갑지만
한 줌의 햇살이 투명한 물과 같이 고였다

물고기를 잡듯 손가락을 움직여 보았던
그날 이후 돌계단에서 빛나던
한 줌의 햇살은
내 영혼의 맑은 물이 되었다

세상의 바다 멀리 나가 거센 폭풍우에
심하게 흔들릴 때마다
돌계단의 그 햇살은 어둠 속의
나에게 신비로운 영혼의 빛을 비추어 주었다

찐빵 얼굴 초등학생들
— 1959년 수원천변의 겨울

남문에서 팔달산 올라가는 초입에 호경이네 집 있었지

당시 문안에 하나였던 이층 치과집 지금은 흔적이 없고

한데우물에서 흘러내린 개울물 정의네 집으로 지나가고

그 집 앞 찐빵 냄새 배고프던 겨울 훈훈한 기쁨이었지

수원천변 얼음판에서 지치도록 썰매 타다가 숨 가쁘게

달려와 손가락 호호 불며 혀를 데이며 먹던 찐빵 맛

겨울이면 남창학교 친구들 지금도 생각난다는 찐빵 집

사라졌어도 왁자지껄한 앙꼬 묻은 얼굴은 지울 수 없어

차 없는 공방거리
— 2013년 가을 수원 공방거리에서

네거리를 지나 훤히 뚫린 길 걷는다. 속도가 사라진 길을 가는

달팽이 발걸음은 여유롭다 작은 담벼락에 핀 풀꽃과 돌멩이가

낯익은 얼굴로 다가와 말을 걸어온다.

질주하는 대로를 벗어나 느리게 걷는 것은 내 자신을 돌아보는 일이다.

유리창에 비친 구름도, 무심히 웃고 있는 행인들의 얼굴도,

스쳐가며 보지 못했던 진열된 상품들도 골라서 하나씩

들여다보는 거리에서 옛 추억이 천천히 되살아나고

골목길을 걷는 햇빛이 구부러지듯 풍경 속으로 걸어들어 간다.

어린아이가 머리칼을 날리며 숨바꼭질을 하고

허리 굽은 할머니와 중년의 아저씨도 세상을 느리게 바꾸어 놓는다.

느리게 걷는 것은 숨 가쁜 질주의 족쇄를 벗어버리는 일,

자유를 얻은 사람이 더 큰 미래를 향해 나아간다.

천천히 두리번거리며 걷는 공방거리 골목길에서

장독대처럼 옹기종기 내려앉은 옛날 집들을 굽어보는 언덕길

먼 바다로 나아갈 느리지만 꺾이지 않는 작은 돛폭 하나를 얻는다.

눈앞만 보고 가는 사람은 새로운 세계를 찾아내지 못한다.

천천히 함께 걷는 우리 모두

수원성을 하늘로 들어 올리는 플라잉 수원의 친구가 된다.

* 플라잉 수원 : 하늘에서 수원시를 굽어볼 수 있는 열기구.

정조와 연산군의 시편을 읽으며

아비가 뒤주에 갇혀 울부짖는 장면을 정조는 열한 살에 목격했다. 아비를 살려달라고 대궐이 떠나가게 소리쳤으나 영조는 단호하게 어린 세손을 업어 내가라고 신하들에게 명했다. 1494년 열여덟 살에 왕위에 오른 연산은 어미가 사약을 받았다는 숨은 이야기를 등극 후 삼 년 만에 들었다.

광폭한 군왕으로 돌변한 그는 할머니 인수대비를 머리로 치받아 죽게 만드는 패륜아가 되었으며 두 번이나 사화를 일으켜 신하들을 떼죽음으로 몰아넣어 조선 왕조 최초로 폐위되었다. 어린 시절부터 여러 번 살해 위협을 받았던 정조는 자객을 피하기 위해 언제나 잠들지 않고 옷을 껴입고 밤새 책을 읽었다. 연산이 패악행위를 저지르고 있을 때 그의 눈에서는 광기와 살기가 번득이고 있었다.

1776년 스물다섯 살에 등극하는 순간 '나는 사도세자의 아들'이라고 천명한 정조는 복수의 칼을 성급하게 꺼내들지 않고 만천명월 주인으로서 왕도정치의 이상을 구현하고자 했다. 정조는 증오와 복수심에 굴복한 연산보다 더 깊은 인간이었다. 세자 시절 그는 자신의 생명도 부지하기 어려운 극한 상황 속에서 성장했는데도 그가 등극한 다음 펼친 국가적 업적들은 왕조 오백 년의 마지막 기틀을 다지는데 크게 기여했다.

이 두 사람 모두 존재의 근본을 흔드는 상처를 내면에 깊이 간직한 인간들이었으며 역대 어느 왕보다 많은 시편들을 남기고 갔다. 영혼 없는 인간이 지배하는 우리 시대에 깨진 유리 거울 인간들은 도처에 넘쳐나는데 만천명월의 주인[1]은 찾기 어렵다.

---

1 '만천명월주인'은 정조가 지은 글 제목에서 유래함.

제8시집

『제왕나비』(2019)

양철지붕에 대한 추억

빗소리는 듣는 것이 아니라 보는 것이었다.
중학생 시절 팔달로
양철 지붕 집 대청마루에서
멀리서 오는 어둠 속 빗소리를 듣고 있었는데

선잠 들어있던 내 몸 위로
한 장 담요처럼 엷은 어둠이 살풋이 내려와
눈꺼풀 감은 채
그냥 빗소리를 보고만 있었다.

듣는 것이 아니라 빗소리를 처음 보았던 날
눈 감은 채 바라본 어스름한
빗소리는 젖지 않는
내 귀 속으로 가늘게 흘러들어

대청마루를 지붕 위로 떠오르게 하였는데
한 장 담요 밑에 들린 나는
지상의 빗소리가 잿빛 문 안으로
들어가는 뒷모습을 천정에서 바라만 보고 있었다.

황금물고기
— 수원 행궁동 벽화 마을 이야기

　평화롭고 오래된 마을에 브라질의 한 여성화가가 멀리서 찾아와 황금 비늘을 가진 커다란 물고기를 행궁동 여인숙의 벽에 그렸다. 무심코 살던 사람들은 기뻐하며 그 황금물고기가 그들을 부자로 만들어 줄 것으로 기대하고 마을의 벽을 그림으로 채우기 시작했다. 황금물고기 그림으로 마을은 세상에 널리 알려져 유명하게 되었지만 사람들은 부자가 되기는커녕 소란스럽고 불편하고 오히려 당국의 규제는 까다로워져 살림살이는 더 나빠졌다.

　조바심 많은 사람들이 조금씩 화가 나기 시작할 무렵 자신의 나라로 돌아가 아이를 출산하려던 화가마저 사망했다는 소문이 들려왔다. 희망을 잃어버린 사람들이 조금 더 기다려 보자는 사람들의 말을 무시하기 시작하던 어느 날 밤 누군가 한 사람이 몰래 황금물고기를 빨갛게 칠해버렸다. 처음에 놀랐던 사람들도 하나둘 벽화를 지우기 시작했다.

　아무리 붉게 칠해도 좀처럼 사람들의 화는 풀리지 않았다. 처음에는 황금물고기를 그린 화가를 욕하다가 마침내 그를 불러온 사람 누군가가 그들을 속였다고 말하기 시작했고 마을 사람들은 둘로 갈라져 흉하게 지워진 벽화처럼 다시는 평화롭게 살기 어려운 동네가 되었다.

　황금물고기가 지워지고 그들이 아무리 머리를 맞대고 회의를 해도 더 이상 화목하게 살기 어려운 동네가 되었을 때 마음속으로 무언가 불편함을 느끼며 살던 사람들은 어느 날부터 황금물고기를 꿈꾸기 시작했다. 그들의 꿈속에서 황금물고기가 꼬리치며 움직이기 시작하자 바람이 불고 사람들은 희망을 갖기 시작했고 동네는 다시 활기에 넘치고 정다운 웃음소리가 피어나기 시작한 꿈의 마을이 되었다.

지동시장 봄바람

새 싹은 누구도 다 억누를 수 없다

길거리 노점 미나리 파란 이파리들

처녀애들 보리이랑 머리칼 날리며

지동시장 휘모는 광나게 훤한 봄바람

화령전

햇무리가 아무리 쓸어내려도
등 뒤가 시리다

오종종하게 양지 녘에 모여든
꽁지 빠진 새

마른 무말랭이처럼 꼬부라진 겨울 햇살
쪼아 먹은 새들이

촉을 벗겨 낸 마당
햇살이랑 펼치는 시린 빛 눈부시다

* 화령전 : 수원 화성 행궁 옆에 순조가 건립한 전각으로 정조의 영정을 모시고제를 지냈다.

중학생

등교 첫날 아침
곱은 손으로 달아준 금단추

검은 교복에
삐져나온 흰 실밥

까까머리 낯선 아이들
손가락

이제야 얼굴 붉히며
곱은 손

할머니 그리워 고개 숙이는
머리 흰 중학생

제2장

중기시(2012-2014)

제7시집

『수원 남문 언덕』(2014)

수원천

잡히지 않으려고 반짝이던 은빛 피라미 작은 눈동자

팔달산 아이들

아버지는 멀리
타관으로
전근 가시고

어머니도 없는 빈 집에
늙은 박쥐
날아드는 소리 천장에서 들리는 밤

옛 이야기 팔달산 영 넘어 가면
졸음에 겨운
눈꺼풀 할머니 속적삼에 감긴 전설이

오솔길 굽이돌며 풀어진
외진 산모롱이
풀잎처럼 여윈 옷고름에 잠드는 아이들

화령전

첫사랑 시의 입맞춤 남몰래

화령전 붉은 기둥에 새겨놓고

나비 날아간 그 꽃밭 사이길

누가 볼세라 잠 못 든 어린 날

산이 된 소년
― 옛 초등학교 친구의 영혼을 기리며

영산 약수터 아래 작은 마을에 한 소년이 살았다. 그는 산을 바라보고 자라고, 산의 목소리를 듣고 성장했으며, 산의 숨소리를 느끼며 나이가 들었다. 그는 고향을 떠나 드러나게 이름을 얻은 바도 없었고, 크게 재산을 모으지도 못했다.

그는 산을 바라보며 저녁 바람에 실려 지나가는 어스름을 보고 살았고, 동트기 전 어둠을 깨우는 산의 목소리를 들으며 밭을 갈았다. 산과 하나가 되어 살았던 그가 갑자기 세상을 떠났을 때 아무도 요란을 떨지 않았다. 그가 죽은 다음에도 그를 오래도록 기억하는 사람은 아무도 없었으며 늘상 풀 위를 쓰다듬는 바람처럼 그의 죽음은 가볍게 지나갔다.

홀연히 세상을 떠나고 세월이 흘러 그는 잊혀졌으나 이상한 것은 어느 날 누군가가 그리워지면 그의 그림자가 다가와 있었고, 객지에 나간 아들의 죽음으로 또 누군가 슬픔에 빠지면 그의 얼굴이 떠올랐다. 어스름 저녁 사람들이 모여 앉은 밥상에서 그는 사람들과 함께 웃고 있었고, 새벽잠에서 깨어 서리를 밟고 일어설 때 그는 사람들과 함께 굽은 어깨를 펴고 있었다.

그의 삶을 유별나게 기억해야 할 사람은 없었으나 그의 혼이 마을 사람들 곁을 떠나지 않고 있다고 느끼는 사람은 세월이 갈수록 많아졌다. 언젠가부터 그의 그림자는 사람들이 사랑하는 산이 되고 숲이 되고 강이 되어 메아리치며 산 아래 사는 사람들과 하나가 되어 머지않아 하나씩 사라져갈 그들의 꿈을 전하는 바람의 전설이 되어 있었다.

황금 햇살

경사진 난간을 따라
익어가는 햇살이 치맛자락 들어올리고
살금살금 걸어 올라간다.

지각한 초등학생 하나
쥐죽은 듯 조용한 운동장을 가로질러 낯선 교실로
전학 후 처음 올라가는 계단
구석에서 반짝이던 낡은 못들이
등 뒤에서 삐걱거리며 웃는 소리가 들린다.

경마장을 질주하는 말들의
억센 엉덩이가,
흙먼지 소란히 날리는 공간에서 소리 없이
스러지는 음영을 그리며
계단 위를 천천히 지나간다.

풍금소리 맞추어 노래하던
초등학생들의 낭랑한 목소리가 갑자기 유리창에
멈추고 닫혀 있던 문 쪽으로
수많은 눈 화살이 꽂혀
얼굴이 달아오른 지각생에게 안경 너머
선생님이 보내는 온화한 미소는
온 몸에 날아온 화살을
황금 햇살 속으로 날려 보내고 있었다.

화랑 담배

시라기 죽도 제대로 못 먹던 시절 누추한 집에 찾아오신 선상님께 드릴 것이 없다며 고개도 들지 못하고 별것 아닌 푸성귀 같은 것들을 담아주던 농투성이 중 하나가

등 돌리고 돌아가고 있는 그를 멀리서 '선상님'하고 크게 외쳐 부르며 달려와

어렵게 내밀던 꼬깃꼬깃한 뜯지 않은 담배 한 갑

그처럼 찡한 선물은 평생 받아 본 적이 없다고. 40년 넘게 시골에서 교편생활하고 얼마 전 퇴임했다는 한 초등학교 동창이, 아직도 내가 교단에 남아 있다고 하니 50년 만에 만난 자리에서 이야기해 주었다

깃털

　어느 가을날 작은 외삼촌이 구시렁거리는 할머니 잔소리 등 뒤로 하고 울타리에 쳐 놓은 새그물을 바라보고 있었다. 바람은 자유로이 지나다니고 있었는데 갑자기 날아가던 새 한 마리가 그물에 걸려 퍼드덕거렸다.

　새를 놓아주어야 한다는 생각으로 쏜살같이 달려가 나일론 줄에 뒤엉킨 새를 감싸 안았다. 이리저리 그물을 풀려 하는 사이 새는 어느 틈에 내 손을 벗어나 날아가 버렸다.

　작은 깃털 하나를 남기고 사라진 새가 전해준 따스한 여운을 나는 잊지 못했다. 튕겨져 날아가는 새가 내 마음의 껍질을 단번에 벗겨 간 것처럼 놀라 하얀 깃털에 따스한 입김을 불어넣어 보았다.

　마당 가운데 향나무가 있던 팔달로 외갓집을 떠나 가을과 겨울이 지나간 후에도 따스한 깃털은 마음속에서 끝내 떠나지 않아 언젠가는 그물에 걸리지 않는 새가 날아와 다시 내 손에 안길 것을 기다렸다.

미루나무 책갈피

새파랗게 날 선 책 펼치면
수원 중학 들어가
꼬부랑 단어를 외우며
펜 습자 처음 쓰던 날 방과 후
멀리서 바라보던 서문 언덕 미루나무가 생각난다

새들이 우는 소리 함께 듣던 친구와
검은 교복 새로 입어
중심을 잡으려 뻣뻣한 목을 빼고
걸어가면서 보던
서문 언덕 성터의 미루나무 그늘에선,

입 속으로 들어가면
딱딱해지던 철자법 펜 습자 책장 너머로
멀리 떨어져 있는
어머니 얼굴이 떠올라,
풍금 소리 묻은 이파리 바람에 날렸다

지금도 새파랗게 날 선 책갈피
펼치는 순간은 언제나
미루나무 이파리 봄바람에 날리고
나는 다시
풍금소리 듣던 중학생이 된다

소년의 꿈
— 수원 성터에서

늙은 도마뱀이 숨어서 엿보는 돌 위에서
희맑은 얼굴의 한 소년이
책을 읽고 있었다.

폭격에 무너진 성벽처럼 열린
책장 속 갈피에서
아라비아 사막의 이상한 이야기가 흘러나오고 있었다.

책장을 구름처럼 넘기는 희맑은 얼굴은
움직이지 않았다 등 뒤의
그림자가 능선 위의 햇빛을 거두는 바람소리

하얀 모래 속으로 검은 글자들 사라지고
희맑은 얼굴의 소년은
양탄자를 타고 꿈의 나라 하늘을 날고 있었다.

수원 남문 언덕

1.

수원 남문 감돌던 습습한 바람이 어디선가 불어오면
일손을 놓고 달려와 팔달산 언덕을 오른다.
낮은 담장과 굽은 성터에서 풍겨오는
흙냄새가 어머니 젖가슴처럼 마음을 열고 반긴다.
담장 아래 토닥거리는 키 낮은 햇빛과
느리고 뒤끝이 흐린 수원 사람들의 말소리가 들려온다.
외할머니 집으로 가던 골목길은 끊어졌으나
풍상의 세월을 열고 닫는 수원 남문은
오늘도 세상사를 의연하게 굽어보며 서 있다.

2.

옛날 친가에서 도망 나와 숨어 살던 정희 고모가
은밀한 목소리로 나를 손짓하며 부르던
수원 지원 옆 돌담길은 사라져버렸지만
들꽃 같던 입술로 부르던 목소리는 아직도
중학생 시절의 막막한 외로움을 불러일으킨다.
방과 후 어느 날 무심코 낡은 목조대문을 밀치자
빙긋하게 열린 화령전 마당 작약꽃밭은
내 영혼에 아름다움을 점화시킨 최초의 불꽃들,
소리 내어 꽃을 부른 그 목소리를 찾기 위해
먼 바다의 파도를 헤치며 나가야 하지 않았던가.

3.

범람한 수원 천변에서 피라미 잡던 여름날은
투명하게 빛나던 유년의 카니발, 나의 문학은
팔달산 솔나무에 떨어진 한 점 빗방울에서 태어나
먼 바다로 나가는 물길을 따라 성숙했으니
오랜 방랑의 돛폭을 거두고 다시 고향의 언덕으로 돌아가
잔잔하게 시가지를 굽어보며 떠오르는 태양과
산 너머 저물어가는 해를 바라보리라.
옛 기억을 떠오르게 하는 집과 거리 사라졌어도
오손도손 살던 사람들의 정겨운 이야기는
내 영혼의 푸른 책에서 영원히 살아 숨 쉬게 하리라.

4.

지금 팔달산 언덕 남창초등학교 운동장에서
뛰노는 아이들의 앳된 목소리는 수원성 울타리를 박차고
날아올라 세상의 중심에 우뚝 서리니.
언제나 수원 남문 언덕에서 불어오는
습습한 바람에는, 저물녘
서늘한 산기운이 불현듯 다가와
놀란 눈으로 검푸른 팔달산을 돌아보던 초저녁
신풍학교 운동장까지 마중 나와
작은 가슴 쓸어주며
다독거리던 어머니의 따스한 목소리가 담겨 있다.

아! 수원중학교, 미래의 주인공들아
— 2014년 2월 명예졸업장을 받으며

4.19 혁명의 열풍이 몰아오던 1960년 3월에 입학하여
반백년이 지난 어느 날 수원 중학교 교문을 들어서니
첫 눈처럼 순결한 함박눈이 교정을 은빛으로 물들였다
아! 수원중학교! 전학으로 자퇴하고 시골 중학교로 가
반백의 머리로 돌아오니 명예졸업장을 주신다고 한다

대학에서 정년하고 처음 받는 감격의 중학교 졸업장
수원중학교에 들어가 역사적 혁명의 순간을 목격하고
다시 길고 머나먼 항해로 흰 머리칼 날리고 돌아와
교정에 들어서니 검은 머리 까만 눈동자의 어린 학생들
오십년 전 나의 앳된 모습 상기시키는 내일의 주인공들

아! 수원중학교에서 전학 가고 나서 반세기 늦은 졸업장
풍성한 눈발들은 내가 돌아온 먼 인생의 힘든 역정들을
축복하는 것이리라 다시 어린 소년으로 돌아가 새로
태어나라고 반백의 소년에게 격려하는 목소리이리라

반세기 전 눈을 씻고 보았던 붉은 벽돌 벽에 붙어 있던
합격자 명단에서 적힌 커다란 내 이름 석 자 붓글씨
눈이 펑펑 쏟아지던 날 후배들이 준 감격의 꽃다발
평생을 따라 다닌 수원중학 자퇴생의 멍에가 풀린 날

아! 수원중학교의 당당하고 늠름한 미래의 주인공들아
모교를 빛내고 세계의 중심에 우뚝 서기를 기원하노라

(2014년 2월 10일)

제3장

초기시(1976-2011)

제6시집

『얼음 얼굴』(2011)

남창초등학교

방과 후 책가방

도시락 통 속에서 달그락거리던 숟가락 소리,

강아지 꼬리달린

논둑길, 봄물 끌어들이던, 밭고랑 흙냄새

논둑길

갈라진 손등의 검은 때를 밀면
꾸, 꾸 꾸 , 꾸 꾸 꾸
대지가 옷 갈아입는 소리

논둑길을 밟고 걸어가면
꾸, 꾸 꾸 , 꾸 꾸 꾸
겨울잠 깨어나는 개구리

굴렁쇠를 굴리며 달려가면
꾸, 꾸 꾸 , 꾸 꾸 꾸
논둑길에 봄물 젖어드는 소리

팔을 펴고 하늘을 바라보면
꾸, 꾸 꾸 , 꾸 꾸 꾸
초등학생 가슴에 스며드는 소리

지구 뒤껼의 거인

어린 시절 우주에 거인이 살고 있다고 상상했다.

지구를 공기처럼 가지고 놀거나
태양을 한 점 불쏘시개로 여기는 거인이

지구의 뒤껼 어딘가 내가 모르는 곳에 살고 있다고 생각했다

한 줌 흙이나
바람에 날려 보이지 않는 먼지 속에

우주를 움직이는 알 수 없는 힘을 가진 거인이 살고 있다

새벽

할머니 실꾸리에서 풀려나온
하얀 실오라기
문지방 넘어가자
호박넝쿨 여린 순이 말린 실 허리를
가늘게 펴는 길을 따라
새벽이 왔다

가을빛 목구멍

가을빛 속에는 쩌렁쩌렁 울리던 할아버지 목소리가 숨어 있다
숨죽이고 대청에 기어들었던 강물이 고단한 운행을
멈추고 잠시 빛 속에서 잔 물살 참방거리고

동무 찾아 먼 길 가다가 갑자기 멈춘 내 발걸음이 있다
해질녘 등 돌리고 기다리던,
어린 시절 물에 빠져 죽은 동무가

장독대 뒤에서 연기처럼 살아나와
하염없이 스러지는 빛 속에서 가냘픈 목소리로
나를 부르고 있다

불러도 대답하지 않았던 동무가 돌연히
고개 돌려 등 뒤 제 목소리를 들여다보는 시린 가을빛
내 목구멍에 동그란 엽전처럼 잠겨 있다

단추

눈길을 피하기 위해
고개 숙여
단추를 만져 본다

정말 단추보다
더 작아지고 싶은 얼굴 뜨거운
순간이 있다

단추 속으로 숨고 싶어
손끝으로
만지작거리던 단추가

눈치도 없이
금빛 얼굴
환하게 반짝거린다

제5시집

『불꽃 비단벌레』(2009)

몽당연필

백지 살결 위에 톡톡 부러진
작은 연필심 같은,

송사리 떼
하얀 눈자위, 까만 눈동자

물가에서 구름일기장 넘기다가
손뼉치고 놀러 나가는
산들바람 친구들

구름 물고 다니는 송사리 떼
하늘을
떠도는 영원한 술래다

정희고모

경기도립병원 지나 수원 지원 옆길에서 정말 우연히 만났다. 고향 떠나 어디서 숨어 산다는 소문이 들리던 고모가 골목길 돌담에 핀 작은 꽃잎 같은 입술로 나를 불렀다. 고모부가 갑자기 임시 서기로 취직이 되어 이리 와 살고 있다는 것이다. 외갓집에서 중학교에 다니던 나는 그 날 저녁 단간 셋방 고모 집에서 말없이 큰 눈만 껌벅거리던 고모부와 함께 푸짐한 저녁상 받고 아무에게도 말하지 말라는 고모와의 약속을 굳게 지켰다.

정희 고모는 어느 날 다시 홀연히 사라졌다. 어린 시정 가장 예쁘고 똑똑해 온 집안의 사랑을 독차지했다던 정희 고모가 잘 나가던 고모부와 왜 그렇게 숨어 살아야 했는지 그 이유 나는 알지 못했다.

가출소년처럼 나도 외갓집을 떠난 다음 오랜 후까지 그날 정희 고모가 나를 부르던 그 은밀한 목소리의 떨림이 전해 왔다. 고모부와 헤어져 혼자 산다는 이야기도 들려오고 또 다시 남자를 만났다는 이야기도 들려 왔지만 저녁상 부산하게 차려오며 부모 곁을 떠나 어린애가 얼마나 외롭겠느냐고 호들갑을 떨며 반가워하던 정희 고모의 그 들꽃 같은 눈빛을 나는 아직 잊을 수가 없다.

젊은 수원의 빛이여 혼불을 높이 들어 올리자

긴 날개를 펴고 하늘로 날아오를 학처럼 의연한
수원성 장안문 창연한 단청 빛 멀리서 바라보면
천년역사의 숨결이 오늘의 우리에게 살아온다.

술래잡기 동무들과 무너진 옛 성터를 오르내리며
팔달문 청소하던 초등학생시절 세상의 빛은 모두
양지쪽 돌계단에 모여 앉은 아이들 손바닥에 있었다.

태고의 풍상을 쉼 없는 역사에 증언하는 지석묘가
선사 시대 선인들의 따뜻한 숨결을 전해주고
이곡의 학문과 난파의 음악과 혜석의 그림이 탄생한

지성과 영감의 보금자리 너 영원한 수원이여!
순박한 민심과 선량한 눈망울 지켜온 터 밭에
정조대왕의 눈물어린 효심이 씨를 뿌린 수원은

예술과 학문이 웅숭깊게 뿌리내린 문화의 고향!
젊은 날 좌절할 때마다 홀로 와 바라보던 팔달산은
웅비를 꿈꾸던 젊은 내 심장이 푸르게 맥동하는 곳!

위대한 예술은 문화를 사랑하는 시민이 꽃피우는 법
오늘은 남녀노소 함께 모여 한마음 축제를 열고
통일시대 선도하는 예술의 혼불을 높이 들어올리자.

천년의 세기를 열어갈 젊은 수원의 새 빛이여, 타올라라!
인류의 문화유산을 가슴에 안고 힘차게 날아올라
의연하게 지상의 속박을 떨쳐버리고 세계로 뻗어나가라.

* 2003년 10월 '제9회 수원예술제'에서 낭독

제4시집

『공놀이하는 달마』(2002)

생선 굽는 가을
　— 달마는 왜 동쪽으로 왔는가

썰렁한 그림자 등에 지고
어스름 가을 저녁 생선 굽는 냄새 뽀얗게 새어나오는
낡은 집들 사이의 골목길을 지나면서
삐걱거리는 문 안의

정겨운 말소리들 고향집처럼 그리워 불빛 들여다보면
낡아가는 문틀에
뼈 바른 생선의 눈알같이 빠꼼이 박힌
녹슨 못 자국

흐린 못물 같은 생의 아픔이 단란하다

어린아이의 굴렁쇠
― 달마는 왜 동쪽으로 왔는가

어린아이는 끝내 어른이 되고
어른은 다시 어린아이가 된다
시작에서 끝으로 가는 등 굽은 수레바퀴

세월의 채찍을 휘둘러라
굴렁쇠 굴리며 뚝길을 달린다

민들레 피어나고, 꽃씨는 날아가고
바보는 침 흘리고, 아이들은 웃음소리를 동그랗게 굴린다

해는 환하게 빛나고
아이들을 키우는 연두빛 노래바람 새롭다

불빛 눈동자
― 달마는 왜 동쪽으로 왔는가

먼 산 깊은 계곡의 밤에도
길을 잃지 않던
작은 담배 불빛 하나

훗날 어둠에 잠겨
깜빡 꺼지려 할 때마다 초록별 떠오르던
어린 날
아버지의 그윽한 눈동자

어린 아이와 산을 오르다
— 달마는 왜 동쪽으로 왔는가

 우리 집 어린 아이와 단둘이 일요일 오후 산에 올라갔다 계곡에 쌓인 낙엽 속으로 종종거리는 발걸음을 빠뜨리며 우리는 가을 산의 향기를 들이키며 하얀 입김을 토했다.
 산등성이에 올라 발을 뻗고, 바라보니 멀리 시가지가 보이고, 가까운 등성이의 바윗돌을 껴안고 서 있는 애솔나무가 앙당해 보였다.
 바윗돌은 나무를 기르려고 스스로 가슴을 열어 조금 갈라져 있었고, 흩어지려는 돌 부스러기 하나도 놓치지 않으려고 실뿌리는 왕모래를 움켜쥐고 있었다. 부드러운 흙의 향기로움에는 오랜 빗방울이 다져놓은 정갈한 고요가 있었다.
 발갛게 상기된 아이가 짙어가는 정적을 깨뜨리며 소리 내어 산을 부르자, 저녁 어스름 계곡의 한 구석에서 산울림이 어서 오라고 웅얼거렸다 초저녁 푸른 별이 반짝 어둠을 켜들 무렵, 돌 부스러기마저 껴안고 마침내 흙이 되는 바위를 껴안은 애솔나무처럼 키 작은 어린 아이의 손을 잡고 산등성이를 내려왔다

공놀이하는 달마
— 달마는 왜 동쪽으로 왔는가

공터에서 공을 가지고 놀던 아이들이
다 집으로 돌아가고, 공터가 소리 죽은
공터가 되었을 때, 한 구석에
버려져 있던 공을 물고
개 한 마리가 어슬렁거리며
걸어 나와 놀고 있다

처음에는 두리번거리는 듯하더니
아무것도 돌아보지 않고 혼자
공터의 주인처럼 공을 가지고 놀고 있다
전생에 공을 가지고 놀아본 아이처럼
어둠이 짙어져가는 공터에서 개가
이리저리 자유로이 놀고 있다

옛날의 아이가 된 것처럼 누구도 불러주지
않는 공터에서 쭈그러든 공을 가지고 놀고 있는 개는
놀이를 멈출 수 없다 공터를 지키고 선 키 큰
나무들도 모르는 체 그가 놀고 있는 것을
보고 있다 뜻대로 공이 굴러가지 않아
어두운 그림자를 바라보는 눈길이 늑대처럼 빛날 때

공놀이하던 개는 하얀 유령이 된다 길게 내뻗은 이빨에
달빛 한 귀퉁이 찢겨 나가고
귀신 붙은 꼬리가 일으킨 회오리바람을
타고 공은 하늘로 솟구쳤다 떨어지기도 한다
어둠이 빠져나간 새벽녘
땀에 젖은 소가죽 공은 함께 놀이할
개를 기다리며 버려진 아이처럼 잠 든다

제3시집

『딱따구리는 어디에 숨어 있는가』(1995)

눈 뜨는 봄날

잠들지 마라. 눈 감으면,
꽃 피는 봄날
밝은 햇빛 저쪽에서
어둡게 산새가 운다.

무너져 내린 성터에는
나비가 될 몇 마리
흙 묻은 벌레들이
부스러진 흙덩이에서 구물댄다.

찬 바닥에 누워
마른 흙 냄새 울컥 들이켜면
진한 향기 머금어
덩어리가 목구멍에서 끈적거린다.

잠들지 마라. 눈꺼풀 애무하면,
아스라이 얇은 피막 떨며
밝은 햇빛 저쪽에서
산새가 어둡게 운다.

제2시집

『아침책상』(1988)

해질 무렵

일몰이 오자 가로수의 그림자들이
어둠 속으로 소리없이 몰려갔다.

서늘하게 발걸음 찰랑이는 못물 위로
더디 내려오는 여름날 산 그림자.

명상하는 소년이
말없이 서쪽으로 걸어갔다.

가로수 그림자들이 물속으로 사라져가자
온갖 나뭇잎들의 수런거림이 가라앉았다.

채색된 일몰 속으로
사라져간 그림자는 외롭다.

제1시집

『황사바람』(1976)

성터에서

기다림의 날들은
하나 둘
녹슬어 모두 접어버렸네
파동치던 함성은 먼 바다에서
해일처럼 포효하고
부서진 풍향계는 정지하여

폐허를 휩쓸어
바람 불었던
최후의 방향을 가리키네

상실된 시간이
때로는 한점
풍향계에 잘려

돌무더기 위에 떨어지고,
무성한 들풀 깊숙이
(영원한 최후의
방향을……)
풍향계는 가리키네.

절규의 성城

절규는 멈춰 있었네.
검푸른 산 너머 잠든
계곡과 계곡을
파동치며 흐르다가

먼 옛날 성터의
두터운 벽을 기어올라
상실된 삶의 빛 속에 갇혀 있던
절규는 멈춰 있었네.

밤마다 미루나무 숲을
전설처럼 휘돌던 바람이
슬픈 영혼을 찾아서 검푸른 산으로
은박銀箔의 강물을
흐느끼듯 홀로 건너가면,

절규는 그때 달빛을 깨뜨려
어둠을 소리없는 강물처럼
끝없이 밖으로 흘러가게 하고
은銀빛 공명共鳴의 광 속에서

(아⋯⋯
　　　⋯⋯아)
영혼의 푸른 줄을 길게 흔들어
오열嗚咽하고 있었네.

나뭇잎 책갈피 속 황금 가랑잎

권성훈(문학평론가, 경기대 교수)

모든 것은 종말에 이르면 그 처음으로 돌아간다
―「내 인생을 전환시킨 몇 가지 순간들」 중에서

1. 빛과 빚

최동호 시인은 수원으로 돌아오기 위해 태어났다. 1948년 8월 26일 수원시 인계동 813-81에서 출생[1]하여 남창동 128번지에서 성장한 그가 고향으로 돌아왔다. 그것도 두 번에 걸쳐 수원을 떠나고 다시 그곳으로 귀환했다. 세상에 나오면서 그는 공무원이었던 아버지의 근무지를 따라 전국 지방 도시를 떠돌면서 유년기를 보냈다. 초등학교 4학년 무렵 다시 수원으로 돌아와 남창초등학교를 다녔다. 그 후 수원중학교 1학년을 마치고 고향을 떠난 후 50여 년 만에 자신이 성장한 '남창동 언덕'에 자리를 잡았다. 60세의 고비를 훌쩍 뛰어넘은 반세기만의 일이다. 이 책『수원 남문 언덕의 노래』는 고향을 운명적인 사유의 원천으로 하는 긍정적인 삶의 노정이 펼쳐져 있다.

그것은 최동호 시인이 "오랜 방랑의 돛폭을 거두고 다시 고향의 언덕으로 돌아가/잔잔하게 시가지를 굽어보며 떠오르는 태양과/산 너머 저물어가는 해를 바라보리라."(「수원 남문 언덕」)는 자신과의 약속 때문인 것. 그리고 "어디 가서 무얼 하다가 돌아왔느냐고. 어린 시절 그 발자국 소리"를 따라서 (「공방 거리 한데 우물가」) 수원과 서울을 오가며 살고 있다. 수원으로 귀환한 그를 기억하는 "초등학교 동창들은 할아버지가 되고 손자와 가족을 거느리고 살고 있었다. 산다는 것이 그런 일인 것처럼 그들은 아이 낳고 또 아이를 낳고 동네 할아버지가 되어 살고 있었다."라고 말한다.

1979년 경남대와 1981년 경희대를 거쳐 1988년 모교인 고려대학교 국문과 교수로 정년을 1년 남겨 놓고 고향에 돌아온 그가 먼저 한 일이 있다. 그것은 수원시민을 상대로 고향의 지명을 내건 '수원 남창동 최동호 시창작 교실'을 연 것이다. 물론 자비를 들여 무료 창작 교실을 운영했다. 오랜 시간 고민 끝에 남은 시간은 어릴 적 살던 수원으로 돌아가 시를 배울 기회가 없었던 이들에게 시를 알려줄 계획을 실천한 것에 불과했다. 반세기 동안 「수원 남문 돌계단」은 시인이 "세상의 바다 멀리 나가 거센 폭풍우에/심하게 흔들릴 때마다/돌계단의 그 햇살은 어둠 속의/나에게 신비로운 영혼의 빛을 비추어 주었"던 것을 잊

---

[1] 전주 최씨 규삼 옹과 밀양 박씨 명순 여사의 사이의 차남.

지 않고, 자신을 지켜준 빛에 대한 부채에서 비롯된 것, 이에 수원의 빛을 세상의 빛으로 청산하고자 했던 것.

 2012년부터 시작된 수원 남창동 최동호 시창작 교실은 수원이 아닌 서울과 지방에서 와 수강을 할 정도로 호응이 좋았다. 강사진은 문단에서 명성이 나 있는 문학 교수와 신예 시인들로서 도움이 컸다. 이들은 주로 최동호가 직접 시를 가르친 제자들과 후배들로 구성되었는데 스승의 가르침이 스승의 고향에서 열매를 맺은 것. 15주차로 구성된 강좌는 5년 동안 지속되었으며 수원이 인문학의 중심 도시로 성장하는 데 동력을 부여했다.

 다음 해인 2013년 여름부터 '화성행궁 수원시인학교'를 남창초등학교에서 개최했다. 이곳은 유년의「황금 햇살」같은 추억이 가득했던 곳으로 "지각한 초등학생 하나/쥐죽은 듯 조용한 운동장을 가로질러 낯선 교실로/전학 후 처음 올라가는 계단"이 남아 있는 공간이다. 또한 어느 순간 고향이라는「바다를 잃어버린 소년」이 다시 찾은 "바다보다 넓은 운동장을 잃어버린 내가 작아진" 시공을 초월한 곳이기도 하다. 남창초등학교에서 시인학교를 1박 2일 동안 개최하여 전국에서 활동하는 후배 교수들과 기성 문인들을 초대했다. 유명 문인들과 수강생들이 교류하게 함으로써 외적으로 수원 지역을 알리고, 내적으로 문학에 목마른 수강생들의 갈증을 해소시켜 주었다. 이곳에서 배출된 500여 명의 수강생 중에는 신춘문예와 문예지 등단자들이 속속들이 나타나면서 성과를 냈다. 그것은 그동안 교단에서 배출한 100여 명의 문학인 후학들의 후속이기도 했다.

 정년 후에는 수원 문학 관련 단체 및 소모임 등에서 역동적으로 움직였다. 현직에 있을 때 정계 진출의 요구에도 흔들리지 않던 그였지만 수원에서 자신을 필요로 하면 언제든지 나아갈 준비가 되어 있었다. 다만 거기에는 '문학'과 '고향'이라는 요소가 깃들여 있는지부터 먼저 살폈다. 그것은 '수원 사랑'과 '문학 정신'이 합일된 과업 중 하나일 뿐. 거기에 수원시 인문학 자문 위원은 물론 수원문인협회를 비롯해 각종 문학단체에서도 수원 문학과 수원 문화예술 발전에 대해 열정을 쏟았다. 또한 한국시인협회 회장과 대한민국 예술인 회원을 역임하면서도 지역 발전을 위해 수원에서 전국시인대회, 수원 화성 문학기행, 국제시낭송회 등 각종 행사를 직접 주관하고 챙겼다. 그것은 오직 한 줄 시를 통해 수원 "사람들은 희망을 갖기 시작했고, 동네는 다시 활기에 넘치고 정다운 웃음소리가 피어나기 시작한 꿈의 마을"(「황금물고기」)을 위해서.

2. 수원의 인문학과 인연의 원점

 한국문학의 세계화를 위해서 그는 2011년 12월 10일 한국 문인 최초 스웨덴 노벨상 시상식에 참석한다. 호암상위원 자격으로 노벨상위원회로부터 공식 초대되어 세계지성의 축제를 경험하는 등 국내에서 안주하지 않았다. 그런 그는 이미 2000년대 초반부터 "활자 문화의 급속한 퇴진과 디지털 문화의 가속화로 인해 문학의 미래는 결코 밝다고 할 수 없다"고 하면서 "20세기 후반부터 시작된 디지털 문화는 활자문화에 근거한 문인들의 고정관념을 뒤바꿀 새로운 혁명적인 변화를 요구하고 있다."데서 극소지향의 단형시를 제안했다. 극서정시로 명명된 이 시편들을 통해 시대정신을 대변하려는 노력을 기울인 결과 2021년에는 영문 시선집 『Monarch Butterfly』로 전 세계의 작가를 대상으로 수여하는 '제18회 제니마 문학상'을 수상하기도 했다.

한편 같은 해 영통구청장 시절부터 알고 지내던 박래헌의 권유로 사양 끝에 '사단법인 수원문화도시포럼'이라는 비영리 단체의 이사장을 맡게 된다. 2021년 출범한 수원문화도시포럼은 "유네스코 세계문화유산의 도시 수원을 사랑하는 120여만 수원시민들과 함께 조상들로부터 물려받은 자랑스러운 향토와 정신을 후손에게 물려주는 숭고한 사명감을 가지고 포럼을 출범한 것"이 취지다. 고유한 전통문화의 도시 수원은 문명사적 전환을 적극 수용하여 첨단 전자산업도시로 초고속 성장을 거듭해 왔다. 그러나 급격히 팽창한 현대도시 수원의 정체성을 확립하기 위해 그동안 제시된 여러 담론들의 갈래가 다양한 실정이다. 요컨대 그 고유성과 보편성이 확보되지 않아 문화적 차이와 이질성을 극복하는 발전적 비전에는 이르지 못한 것이 사실상 수원 문학과 문화의 현주소다. 이에 수원 역사와 문화를 재정립하기 위해 과거를 비판적으로 성찰하고 미래의 참다운 전망을 위해 역사적 지혜를 모으고, 인문적 지성을 새롭게 하고자 하는 것이 최동호의 바람이기도 하다.

최동호가 박래헌을 조우하게 된 것도 2018년 5월 태풍에 오백 년 묵은 영통 마을 언덕을 지키고 살던 신령한 느티나무가 쓰러지는 사건이 발생하면서다. "하늘과 인간을 이어주던 대지의 영혼이 뿌리 뽑힌 역사적 사건"(「영통 느티나무의 영혼」)을 서로의 '장엄한 의식'으로 지켜보면서. 다시 역사를 거슬러 올라가 시대에 부응하는 세계를 향한 새로운 인문학의 뿌리를 수원에 내리기 위해.

수원으로 돌아온 최동호의 '인연의 원점'이 수원에서 비롯되었듯이 "문학도 그러하지만 모든 인간은 모성의 고향으로부터 출발하여 세파를 헤치면 살아가다가 모성의 고향으로 돌아가 다시 새로 시작하고 싶은 원초적 소망을 가지고 있다는 것은 부인하기 어려운 일일 것이다."라는 전언이다. 이 책에 실린 '시와 노래'는 그러한 수원을 향한 최동호의 50년 시력이 수원에 터를 두고 펼쳐진 것을 의미한다. 그가 풀어 놓는 한 줄 시어 속에서도 우리는 어린 소년의 설레는 숨 가쁨이 요동치고 있음을 감득하게 된다.

그런 최동호 글에서 일관된 것은 그의 인생과 문학 여정이 수원으로 회귀하는데 맞춰져 있다는 데 있다. 이 회귀는 단순히 생겨난 것이 아니라 끊임없이 고향으로 되돌아오고 싶어 했던 마음속 소년이 있었기 때문이다. 남창초등학교 생활기록부에 "책을 좋아하는 학생이며 도서부장과 문예반원으로 활동했다"는 기록으로 보아 유년기부터 독서에 관심이 많았다. 아버지의 직장 때문에 가족들이 부재한 소년, 멀리 계시는 어머니를 그리워하며 외갓집에서 홀로 책을 읽던 소년, 내성적인 소년의 외로움은 더해가는 결핍으로 자리 잡았다. 있는 것이 사라진 후에 오는 외로움과 있어야 할 것이 없는 기다림 속에서 유년기를 보냈다. 이러한 부재와 결핍은 그림자로 남았지만 그림자는 오히려 문학을 하는데 양질의 자양분이 되어 주었다. 바로 "명상하는 소년이"(「해질 무렵」)되어 그림자를 어둠이라고 하지 않고 '채색된 일몰'로 투사한다. 거기에 존재하는 '사라져간 그림자의 외로움'을 '가라앉은 온갖 나뭇잎들의 수런거림'으로 드러낸다. 여기서 '사유의 그림자'를 생성하는 데 이는 그의 시에서 사라지고, 퇴색되고, 녹슬고, 빛이 바래는 등의 소멸해 가는 사물 이미지를 통해 존재의 근원성을 추궁한다. 최동호의 시의 '사유의 그림자'는 그가 깨달은 지혜로서 불교에서 "그 모든 무성한 노란 꽃은 모두 반야 아닌 것이 없다"(鬱鬱黃花 無非般若)는 것과 통하는 지점이다.

3. 성터와 역사의 수레바퀴

지난 50년 동안 최동호가 한국 시단에서 일관되게 주목했던 문학적 담론은 시론을 바탕으로 한 실천적 방법인 시창작으로 전개된다. 그것은 정신주의 시론, 극서정시, 서정시의 3각형 등으로 시론의 장을 펼쳐 왔던 것으로 다른 국문학자들과 분명히 구분된다. 그의 문학적 체계는 서구 양식으로 동양적 세계를 이해하는 오리엔탈리즘을 통해 세계를 들여다보는 기존의 관습화된 방식에서 벗어나 있는 것. 반대로 동양적 사유로 모든 세계를 통찰하는 반오리엔탈리즘이 그의 시학의 중심에 있다. 거기에 그의 축척 된 시론은『황사바람』(열화당, 1976),『아침책상』(민음사, 1988),『딱따구리는 어디에 숨어 있는가』(민음사, 1995),『공놀이하는 달마』(민음사, 2002),『불꽃 비단벌레』(서정시학, 2009),『얼음 얼굴』(서정시학, 2011),『수원 남문 언덕』(서정시학, 2014),『제왕나비』(서정시학, 2019),『황금 가랑잎』(서정시학, 2021) 등 총 아홉 권의 시집으로 집약된다. 첫 시집『황사바람』서문에서 "지나간 세월에 물기가 증발된 엽맥들이 바스락거렸으나 나뭇잎이 남아 있던 푸른 색깔이 누렇게 옛 기억을 각인하듯 배여 있었다."고 자신의 시는 "젊은 날의 고뇌와 방황이 깔린" 것에 있다. 그렇지만 이 나뭇잎은 마지막 시집『황금 가랑잎』이 되어 "비바람에 문 두드리다 떠 있는 황금 가랑잎 부처"(「가랑잎 부처」)로 환원되는 것에 있다.

이처럼 첫 시집『황사바람』에서『황금 가랑잎』으로 이어지는 문학적 사유와 삶의 여정 속에는 수원에서의 사건이 기억으로, 기억이 기록으로, 기록이 시로 승화되어 있다. 남창초등학교를 졸업한 그는 1960년 3월 수원중학교에 입학한 그는 하나의 사건을 맞이하게 된다. 1960년 4월 혁명의 열기가 성곽의 도시 수원 지역으로 확산되는 4월 20일 수원 종로 거리에서. 학교는 휴교에 들어간 상태로 호기심에 종로로 걸어 나와 4.19현장을 목격한다. 당시 서울 농대학생들이 버스를 강탈해 거리를 질주하면서 유리창을 깨부수고 수많은 인파를 향해 외치던 소리가 충격적으로 각인되었다. 그때 유리창이 깨진 버스를 두들기며 충혈된 눈으로 외치던 사람들을 목격하면서 그는 "후일 1980년 10월 마산 현장에서 보았던 부마사태라든가 10.26사건 등을 바라보는 원점이 되었다."라고 회고한다. 이어서 "역사란 무엇인가에 대한 근원적인 의문은 이로 인해 평생을 그림자처럼 나를 따라 다니게 되었다."는 것이다. 이러한 그의 시 의식은 역사의식과 함께 『황사바람』에서부터 드러난다.

> 기다림의 날들은
> 하나 둘
> 녹슬어 모두 접어버렸네
> 파동치던 함성은 먼 바다에서
> 해일처럼 포효하고
> 부서진 풍향계는 정지하여
>
> 폐허를 휩쓸어
> 바람 불었던
> 최후의 방향을 가리키네
>
> 상실된 시간이
> 때로는 한점
> 풍향계에 잘려
>
> 돌무더기 위에 떨어지고,
> 무성한 들풀 깊숙이
> (영원한 최후의
> 방향을……)
> 풍향계는 가리키네.
>
> ―「성터에서」 전문

당시 "파동치던 함성은 먼 바다에서/해일처럼 포효"했던 1960년대 4월 혁명 속 팔달문과 장안문 사이 수원 종로 부근은 '성터'가 곳곳에 존재했다. 무너지고 사라지고 없어진 성곽과 성벽은 남루한 성터만을 암시한다. '성터'는 전쟁과 혁명으로 폐허가 된 그 시대를 가리키는 초라한 '풍향계'로 비추어진다. "폐허를 휩쓸어/바람 불었던/최후의 방향을 가리키"는 것으로 그것은 '상실된 시간'으로서 "돌무더기 위에 떨어지고/무성한 들풀 깊숙이" 박혀 있다. 마치 '수원성'은 멈춰진 「절규의 성」처럼 "먼 옛날 성터의/두터운 벽을 기어올라/상실된 삶의 빛 속에 갇혀 있던"으로 묘사된다. 그리고 "무너져 내린 성터에는/나비가 될 몇 마리/흙 묻은 벌레들이/부스러진 흙덩이에서 구물"(「눈 뜨는 봄날」)거리는 생명의 몸짓을 파고든다.

그 속에서 "그때 달빛을 깨뜨려/어둠을 소리 없는 강물처럼/끝없이 밖으로 흘러가게 하고/은銀빛의 광 속에서" 기억의 성터를 새롭게 불러온다. '은빛 광 속에서' 복원되는 「소년의 꿈」은 '폭격에 무너진 성벽'을 바라다본다. "책장 속 갈피에서/아라비아 사막의 이상한 이야기"를 듣고 "책장을 구름처럼 넘기는 희맑은 얼굴"을 보며 "그림자가 능선 위의 햇빛을 거두는 바람소리"를 찾아낸다. 이 '바람 소리'는 그에게 "낮은 담장과 굽은 성터에서 풍겨오는"(「수원 남문 언덕」) "푸근한 흙냄새 어머니 젖가슴"이 되는 것. 이처럼 수원성은 그에게 어린 시절부터 "지성과 영감의 보금자리"로서 "순박한 민심과 선량한 눈망울 지켜온 터 밭에/정조대왕의 눈물어린 효심이 씨를 뿌린"(「젊은 수원의 빛이여 혼불을 높이 들어 올리자」) 곳으로 회복된다.

이처럼 최동호를 둘러싸고 있는 수원 성곽의 시간은 "어린 시절 골목길을 걸어가던 내가 있고 나이든 지금의 나의 모습이 있고 새로운 일을 시작하는 또 다른 미래의 내 모습이 있다. 그리고 근원으로 돌아가면 나의 시도 더 깊어지지 않을까 하는 희망이 나의 마음을 설레게 한다." 여기서 그때 "어린아이는 끝내 어른이 되고/어른은 다시 어린아이가"(「어린아이의 굴렁쇠」)되는 과정 속에서 "시작에서 끝으로 가는 등 굽은" '역사의 수레바퀴'를 돌리면서.

4. 잃어버린 모자와 영원한 술래

그에게 시간이 지날수록 선명해지는 기억이 또 있다. 그것은 4.19 혁명 일어나기 한 달 전 1960년 3월 중학교 신입생 때 종로 거리에서 모자를 탈취당한 일이다. 새로 맞춰 입은 교복과 모자를 쓰고 집으로 돌아오는 길에 갑자기 누군가가 그의 모자를 벗겨 쏜살같이 달려간 것이다. 순간 중학교 1학년 신입생 최동호는 멍한 생각에 빠져들었다. 그리고 의식이 꺼진 듯이 무언가 우두커니 서 있었던 것은 덤이었다. 한 참 후 중학생 박박 머리를 손으로 쓸어보며 과연 이 일을 어떻게 감당할 것인가 하는 난감한 사태를 실감했다. 실의에 빠진 그는 다음 날 등교도 해야 했고, 어머니가 아버지를 따라 지방에 있었으므로 연락을 한다는 것은, 쉽지 않은 일이었으며 내성적인 성격도 이를 자의식에 각인시키는데 한몫을 했다. 당시 국민 전체가 빈곤 상태였기에 교복이나 모자를 사지 못한 학생들도 한 반에 여럿 있던 시절. 최동호는 생각한다. 모자를 훔쳐 간 그는 아마도 모자를 사지 못한 가난한 학생이었을 것이다. 세월이 흘러갈수록 자신의 시야에서 사라져가던 그를 생각할수록 아이러니하게도 시는 그에게 가까이 다가왔다.

요컨대 모자 절도를 경험한 그는 그때 "모자를 잃어버렸던 일은 나에게 문학이란 무엇인가를 생각하게 만든 가장 근원적인 단초가 되었다는 것이다. 모자를 탈취한 그가 달아나는 것을 물끄러미 바라보면서 나에게는 모자를 쓰고 있던 나와 또 다른 내가 분리되는 느낌이 섬광처럼 지나갔다. 어쩌면 탈취당한 그 모자가 진정한 내가 아니었을까 상상해보기도 하고 그때 잃어버린 모자를 찾아가는 것이 내가 문학을 하는 길이라는 생각을 하게 된 것이다."라고 회상한다.

눈길을 피하기 위해
고개 숙여
단추를 만져 본다

정말 단추보다
더 작아지고 싶은 얼굴 뜨거운
순간이 있다

단추 속으로 숨고 싶어
손끝으로
만지작거리던 단추가

눈치도 없이
금빛 얼굴
환하게 반짝거린다

―「단추」 전문

그의 모자 탈취사건은 중학생이 되어 처음 써 보는 모자가 크고 무겁게 느껴지던 때 그만큼의 크기와 무게가 사라진 것이다. 그것도 종로 거리 한복판에서 모자 없이 불어오는 봄바람이 또 다른 세계로 스치는 싸늘함으로 기억될 수 있다. 이때 수줍음 많던 그는 오가는 사람들의 "눈길을 피하기 위해/고개 숙여/단추를" 어루만지면서 마음을 달랬을 것이다. "정말 단추보다/더 작아지고 싶은 얼굴 뜨거운" 자아를 대면한다는 것은 "단추 속으로 숨고 싶어"하는 암담한 소년의 감정이다. 거기서 그는 "수원 중학 들어가/꼬부랑 단어를 외우며/펜 습자 처음 쓰던 날 방과 후/멀리서 바라보던 미루나무"(「미루나무 책갈피」)로부터 "멀리 떨어져 있는/어머니 얼굴이 떠올라/풍금 소리 묻은 이파리 바람"을 불러오기도 한다.

이러한 시편들은 50여 년 전 그의 무의식의 심층에서 딱딱한 세월의 지층을 뚫고 회생한 "백지 살결 위에 톡톡 부러진/작은 연필심 같은"(「몽당연필」) 기억이다. 그 속에는 "송사리 떼/하얀 눈자위, 까만 눈동자" 같은 활자로 쓰다만 '몽당연필' 자국으로 남아 있다. 이러한 시어는 잡힐 듯 말 듯 "구름 물고 다니는 송사리 떼"처럼 "떠도는 영원한 술래"로 형상화하는 데 쓰인다.

등교 첫날 아침
곱은 손으로 달아준 금단추

검은 교복에
삐져나온 흰 실밥

까까머리 낯선 아이들
　　손가락

　　이제야 얼굴 붉히며
　　곱은 손

　　할머니 그리워 고개 숙이는
　　머리 흰 중학생

—「중학생」 전문

　수원중학교 1년을 마칠 무렵 그는 외갓집을 떠나 부모가 있는 목포로 도망치듯 전학을 갔다. 그 후 54년 만인 2004년 2월 수원중학교에서 명예졸업장을 받았다. 졸업식장에서 그는 늦깎이 졸업생으로서 나이가 가장 많지만 제일 철없는 지각생으로 "할머니 그리워 고개 숙이는/머리 흰 중학생"이 되어 강단에 섰다. "등교 첫날 아침 곱은 손으로 달아준 금단추"를 떠올리며 "검은 교복에/삐져나온 흰 실밥"을 훈장처럼 달아준 할머니께 감사드렸다. 그리고 할머니 나이가 되어 돌아와 "이제야 얼굴 붉히며" 할머니와 겹쳐진 눈물 젖은 '곱은 손'을 만지작거렸다. 최동호는 이를 기념하여 제7시집 『수원 남문 언덕』을 간행하면서 "이 시집은 수원시민에게 바치는 것"이라고 소회를 밝혔다.

　5. 정희 고모와 화령전의 비밀

　그의 시집에서 가장 많이 등장하는 인물이 정희 고모다. 정희 고모는 제5시집 『불꽃 비단벌레』에서부터 비밀스러움과 그리움의 이미지로 나타난다. 정희 고모와의 만남은 중학교 신입생으로 거슬러 올라간다. 내성적인 성격이었던 그는 홀로 지내는 시간이 많았다. 그날도 서문 밖으로 놀러 나가는 날 화령전 부근 돌담 뒤에서 누군가 자신을 불렀다. 돌아보니 정희 고모였다.

　　경기도립병원 지나 수원 지원 옆길에서 정말 우연히 만났다. 고향 떠나 어디서 바람 같이 산다는 소문 이 들리던 고모가 골목길 돌담에 숨어서 핀 작은 들꽃 같은 입술로 나를 불렀다. 고모부가 갑자기 임시 서기로 취직이 되어 이리 와 살고 있다는 것이다.
　　외갓집에서 중학교에 다니던 나는 그 날 저녁 단칸 셋방 고모 집에서 말없이 큰 눈만 껌벅거리던 고모부와 함께 푸짐한 저녁상을 받고 아무에게도 말하지 말라는 고모와의 약속을 굳게 지켰다.
　　정희 고모는 어느 날 다시 홀연히 사라졌다. 어린 시절 가장 예쁘고 똑똑해 온 집안의 사랑을 독차지 했다던 정희 고모가 잘 나가던 고모부와 왜 그렇게 숨어 살아야 했는지 그 이유를 나는 알지 못했다. 가출소년처럼 나도 외갓집을 떠난 다음 오랜 후까지 그날 정희 고모가 나를 부르던 그 은밀한 목소리의 떨림이 전해 왔다.

    고모부와 헤어져 혼자 산다는 이야기도 들려오고 또 다시 남자를 만났다는 이야기도 들려왔지만 저녁상 부산하게 차려오며 부모 곁을 떠나 어린애가 얼마나 외롭겠느냐고 호들갑을 떨며 반가워하던 정희 고모의 그 들꽃 같이 숨어 살던 눈빛을 나는 아직 잊을 수가 없다.

―「정희 고모」 전문

  지금은 경기도립병원과 수원지원(법원)도 사라졌지만 시인의 기억 속에서는 정희 고모와 함께 선명한 이미지로 살아 있다. 이 시에서 중요한 것은 이날 저녁 벌어진 일들은 누구에게도 말하지 않는다는 고모와의 약속이다. 이 약속을 지키기 위해 시인은 외할머니로부터 어디서 놀다가 이렇게 늦게 왔느냐는 질책에도 입을 다물었다. 이러한 그에게 정희 고모는 오래도록 풀리지 않는 수수께끼였다. 이 생애 비밀스러움은 세월이 지나면서 그에게 시적 영감을 주었다. "옛날 친가에서 도망 나와 숨어 살던 정희 고모가/은밀한 목소리로 나를 손짓하며 부르던/수원 지원 옆 돌담길은 사라져버렸지만/들꽃 같던 입술로 부르던 목소리는 아직도/중학생 시절의 막막한 외로움을 불러일으킨다"(『수원 남문 언덕』) 그만큼 정희 고모는 시인에게 시대를 대변하는 곤고했던 인물로 묘사되면서 그의 시에서 만나는 여성들의 생애로 상징된다.

  또한 정희 고모를 만나고 배웅했던 "수원지원 옆의 돌담길 화령전 앞마당 가득 타오르던 화려한 작약 꽃밭과 화령전의 붉은 돌기둥은 먼 바다의 험난한 파도로부터 나를 지켜준 원동력이었"을 정도로 영혼의 푸른 기억이 되고 있다. 그 속에서 정희 고모는 화령전과 함께 영원히 살아 숨 쉬면서 최동호 문학이 발효되는데 주요한 역할을 했다. 이에 「화령전」은 "햇무리가 아무리 쓸어내려도/등 뒤가 시리"게 다가오는 반면 "햇살이랑 펼치는 시린 빛 눈부시"(『제왕나비』)게 비춘다.

    첫사랑 시의 입맞춤 남몰래

    화령전 붉은 기둥에 새겨놓고

    나비 날아간 그 꽃밭 사이길

    누가 볼세라 잠 못 든 어린 날

―「화령전」 전문

  어쩌면 비밀스러움과 그리움으로 남아버린 「화령전」은 시인에게 "첫사랑 시의 입맞춤"의 시작이다. 그것도 "화령전 붉은 기둥에 새겨놓고/나비 날아간 그 꽃밭 사이길/누가 볼세라 잠 못 든 어린 날"(『수원 남문 언덕』). 정희 고모와 지켜내야 할 소년의 은밀한 약속이다.

이로써 "화령전 앞마당 작약꽃밭은 불타는 아름다움을 내 영혼에 점화시킨 최초의 불꽃들, 나는 얼마나 그 내면의 불꽃을 세상의 바람에 꺼트리지 않기 위해 열렬히 노력하지 않았던가."(「수원 남문 언덕」)라는 진술에서 수 놓인 '시의 불꽃'을 발견하게 된다.

6. 수원천과 사유의 원천

> 잡히지 않으려고 반짝이던 은빛 피라미 작은 눈동자
>
> —「수원천」 전문

최동호 시인의 상상력과 사유의 원천이 수원으로부터 공급되어 왔음을 누구도 부인하기 어렵다. 그야말로 그의 시에서 수원을 한마디로 요약하면 '수원천'이다. 그러므로 '수원'을 소재로 하는 모든 시편들은 "잡히지 않으려고 반짝이던 은빛 피라미 작은 눈동자"처럼 그에게 '잡히지 않으려고' '반짝이는 기억'이 성장하여 시적 세계관으로 수렴된다. 이 세계관은 언어가 제거되고 감정이 소멸 된 대상의 소묘만으로 사유만을 남기는 데 있다. 그의 사유는 액자식 구성을 통해 응축된 순간의 미학을 매혹적으로 드러낸다.

「수원천」은 '화자' '수원천' '피라미'는 독립된 존재지만 언어의 줄기에서 영속성을 발산한다. 공통적으로 화자의 시선, 수원천의 물결, 피라미의 헤엄 등의 개별적 움직임을 구분 짓지 않고 풀어 놓는다. 그러므로 안과 밖이 사라지고 안이 밖이 되고 밖이 된다. 동일한 간격에서 이것과 저것이 응집하고 다시 이것과 저것으로 확장된 결과지만 그것들이 서로에게 벗어나 있기도 하다. 또한 그것을 상상하는 우리는 무화된 경계 속에서 각기 다른 '그 너머의 세계'를 연출하게 된다.

그 너머의 세계는 이것과 저것에서 해방된 상태로 '극' 적인 것으로 도달하는 '도'다. 바로 극과 도가 합일된 시학으로 '언어 이전의 언어' 또는 '언어 너머 언어'의 여백을 채우는 최동호의 극서정시의 미학이 여기에 있다. 그의 극서정시는 책 읽기를 좋아했던 남창초등학교 시절 "한 줌 흙이나/바람에 날려 보이지 않는 먼지 속에/우주를 움직이는 알 수 없는 힘을 가진 거인"(「지구 뒤켠의 거인」)으로부터. 외로움과 기다림을 충전했을 것이다.

그렇지만 현실적으로 그가 경험한 수원은 '성터'처럼 폐허가 되고, '혁명'처럼 성난 군중이 있고, '모자'처럼 탈취당하고, '고모'처럼 사라지는 등 혼란과 혼돈의 세계라는 사실이다. 그는 이곳에서 사유의 그림자처럼 지혜가 관통하는 중요한 원리를 찾고자 했던 것이다. 폐허가 된 성터에서 "부드러운 흙의 향기로움에는 오랜 빗방울이 다져놓은 정갈한 고요"(「어린 아이와 산을 오르다」)를, 성난 군중의 혁명 속에서 "작은 깃털 하나를 남기고 사라진 새가 전해준 따스한 여운을"(「깃털」), 탈취당한 모자 속에서 "속도가 사라진 길을"(「차 없는 공방거리」), 사라진 고모에서 "스산한 가슴속에 들어와 맴돌며 조용히 마음을 쓸어주고"(「어머니 범종소리」)가는 시를 만났다.

이같이 그에게 수원은 잃어버린 자아를 찾기 위한 노력의 생산지이면서 근원에의 영원한 본향인 것이다. 이로써 '시의 고향' 수원은 시가 탄생하는 처음의 순간을 탐색하는 공간이면서 정신의 정화를 추구하는 궁극적인 곳이다. 그 간의 인생과 문학 여정과 함께 그의 고향 "회귀는 선택적인 사유일 뿐 아니라 또한 선택적인 '존재'이기도 하다. 단지 긍정만이 회귀하는 것이며, 긍정될 수 있는 것만이 회귀하고, 기쁨만이 되돌아온다. 부정될 수 있는 모든 것, 부정인 모든 것은 영원회귀의 운동 자체에 의해서 제거된다."[2]는 데 있다. 그의 고향 회귀는 긍정적 선택의 결과이며 기쁨의 산물로서 그가 말한 종국에는 처음으로 돌아가는 운명에의 의지로 파악된다. 거기에 그의 고향에서 발휘된 수원의 시와 노래는 세계를 극복하는 과정에서 자신을 뛰어넘는 최동호 시인을 창조하는 데 있다.

이제 수원에 돌아온 최동호는 여전히 서문 밖 놀러 나가는 것을 좋아하는 중학생이다. 햇살이 황금빛으로 익어가는 오늘도 어쩌면 정희 고모를 만날 줄 모른다는 기대 때문이다. 그리고 한평생 모자를 찾고 있다는 것은 생애 비밀이어야 한다. 성문 밖은 마스크를 눌러 쓴 송사리 떼가 한창이다.

---

2 질 들뢰즈, 『들뢰즈의 니체』, 박찬국 역, 철학과 현실사, 2018, 60쪽.

제2부

수원의 추억

수원중학교 신입생 모자 탈취 사건

1960년 봄 수원중학교에 갓 입학한 나는 두 가지 경험을 했다. 의도적인 경험이 아니라 우연히 마주치게 된 일이었지만 나중에 돌이켜 보면 그것은 나의 인생에서 잊을 수 없을 만큼 중요한 사건이었다. 하나는 혁명이라는 거대한 체험이었고 다른 하나는 작고 사소하지만 지나칠 수 없는 상실 체험이었다. 모두 지금부터 60년 전의 일들이다. 2016년 광화문을 중심으로 타올랐던 촛불혁명을 바라보면서 중학생 시절 체험했던 일들이 생생한 필름처럼 기억 속에서 다시 떠올랐다.

중학교에 입학하고 한 달이 조금 지난 4월 20일경 수원의 종로에서 혁명의 열기가 팽만한 성난 군중들의 눈동자를 보았다. 서울에서 촉발된 4월 혁명의 열기가 수원지역으로 확장되는 과정에서 아마 서울에서부터 수원을 향해온 것으로 보이는 버스를 탈취한 대학생들이 길거리의 군중을 향해 외치는 혁명 구호들은 분명히 알 수는 없었지만 거칠고 강한 힘을 갖고 있었다. 유리창이 부서진 버스에는 청년 대학생들이 가득 타고 있었기 때문에 폭발물처럼 터져나갈 것 같이 소리치고 있었다. 학교는 이유를 알 수 없는 휴교 상태였고 도깨비가 대낮에 활개 치는 것처럼 보이는 이 무질서한 혼돈은 누구도 진정시킬 수 없는 상황이었다. 검은 교복을 입은 대학생들과 청년들이 하나가 된 것 같은 이 광적인 풍경은 중학교 신입생의 어린 눈으로 처음 목격한 거대한 체험이었다. 1968년의 한일회담 반대 시위, 1980년 마산에서 보았던 부마항쟁 그리고 파다한 풍문이 먼저 쓰나미처럼 밀려온 광주사태의 소용돌이 마지막으로 2016년의 촛불혁명 등등 크고 작은 역사적 소용돌이가 어린 내 영혼의 한복판을 타고 흘러갔던 기억을 되살려 주었다. 역사란 무엇인가를 생각할 틈도 없이 역사의 거대한 물줄기를 타고 내 생이 전개된 것이다.

나는 지금도 역사란 한 개인이 무엇이라고 단적으로 규정할 수 없을 만큼 역동적이라고 생각한다. 그것을 규정하기 전에 인간의 삶이 소용돌이치며 도도하게 파동치며 흘러간다는 것이다. 규정하는 순간 역사는 나에게 와서 일방적이고 비역사적인 물결을 강요했다는 생각이 들기 때문이다. 어떻게 게 보면 역사는 자의적인 해석과 왜곡을 서슴지 않는 더 강한 힘에 의해 좌우된다고 느껴지는 경우가 많았다.

그러나 작지만 시간이 지나갈수록 나에게 선명해지는 것은 4.19 혁명 일어나기 한 달 전 1960년 3월에 신입생 모자를 탈취당한 일이다.

중학교에 들어간 지 한 달이 채 되지 않은 어느 봄날 별다른 생각 없이 종로 거리를 지나가는 사람들을 바라보면서 집으로 돌아가는 중이었다. 새로 맞춰 입은 교복과 중학생 모자에 달린 교표가 번쩍거리고 있었을 것이다. 중학생이 되어 처음 써 보는 모자가 크고 무겁게 느껴지던 때였다. 그런데 갑자기 누군가 내 등을 치고 지나가는 것 같았는데 그는 내 옆을 스쳐 지나가면서 모자를 벗겨 쏜살같이 앞으로 달려갔다.

강한 충격이 있었던 것은 아니었다. 나는 뒤쫓아 가서 그 모자를 다시 빼앗으려는 적극적 행동을 취하기보다는 무언가 멍한 생각에 빠져 우두커니 서 있었다. 그리고 꺼졌던 의식이 돌아온 순간 중학생 박박 머리를 손으로 쓸어보며 과연 이 일을 어떻게 감당할 것인가 하는 난감한 사태를 실감했다. 어머니는 멀리 있는데 당장 내일 아침 모자도 없이 교문을 어떻게 들어갈 것이냐 하는 고민에 직면했다. 당시는 국민 전체가 절대빈곤 상태였으므로 모자나 구두 등을 훔쳐 가는 일이 빈번히 일어났다. 식당에 들어갈 때는 봉투에 구두를 각자가 담아 가지고 들어가기도 하고 교복이나 모자를 사지 못한 학생들도 한 반에 여럿 있었다. 내 모자를 탈취한 그는 아마도 모자를 사지 못한 가난한 학생이었을 것이다. 나의 시야에서 사라져가는 그를 원망할 여유도 없었다.

그런데 묘하게 남는 것은 오랜 세월을 지낸 다음 돌이켜 보니 이 때 모자를 잃어버렸던 일은 나에게 문학이란 무엇인가를 생각하게 만든 가장 근원적인 단초가 되었다는 것이다. 모자를 탈취한 그가 달아나는 것을 물끄러미 바라보면서 나에게는 모자를 쓰고 있던 나와 또 다른 내가 분리되는 느낌이 섬광처럼 지나갔다. 어쩌면 탈취당한 그 모자가 진정한 내가 아니었을까 상상해 보기도 하고 그 때 잃어버린 모자를 찾아가는 것이 내가 문학을 하는 길이라는 생각을 하게 된 것이다.

중학교 신입생 시절 이 경험은 훗날 고등학생 시절 대학 진로를 결정할 때 한용운의 시 「임의 침묵」의 암송과도 같이 이상한 울림으로 변신했는지도 모른다. 나에게서 나도 모르게 나를 옥죄던 또 하나의 나를 빼앗겨 다시 나를 생각하게 된 것이 중학생 모자 탈취 사건이다. 이런 생각에 도달한 것은 더 많은 세월이 지나고 내가 왜 문학을 하게 되었나 하는 것을 돌이켜 보고 난 다음이다. 시 「또 다른 고향」에서 윤동주는 자아와 백골의 분열을 극적으로 묘사한 바 있다. 고향을 떠나면서 그는 백골 몰래 또 다른 고향으로 가자고 했다. 잃어버린 자아를 찾기 위한 노력은 자신의 근원을 찾고자 하는 인간의 영원한 갈망일 것이다. 어느 날 갑자기 발생한 우연한 사건이 나에게 다시 나를 찾아가는 운명적인 길을 눈뜨게 만들어 주는 첫 계기를 만들어 주었다고 할 수 있다.

팔달산 대승원의 계수나무와의 인연

지금부터 40년 전인 1972년 7월 1일 나는 홀로 팔달산 언덕의 뙤약볕 속에 말없이 서 있었다. 수원 시가지가 굽어보이는 한 암자의 앞마당에서 어떻게 살아야 할 것인가 하는 문제를 놓고 고민하고 있었다. 제대 특명을 받고 군문을 나온 직후 아직 군복의 풀기도 채 마르지 않은 상태에서 한 여름 도심의 열기를 발끝으로 누르면서 망망한 바다를 바라보는 심정으로 미래의 지향점을 생각하고 있었다. 깊은 산 속 먼 곳으로 가고 싶었지만 이상하게 나의 발길은 내가 태어나고 졸업한 수원의 초등학교 언덕으로 향하고 있었다.

그런데 알 수 없는 것은 내가 발 딛게 된 곳은 우연히도 마하연이었으며 그 암자의 주인이신 황성기 선생님을 거기서 만나게 된 일이다. 당시 무슨 이야기를 나누었는지 분명한 기억은 없다. 나는 20대 중반의 청년 장교 출신이었고 그 분은 동국대학교에서 교편을 잡고 계신 40대 후반의 스님이었으니 처음 만난 두 사람 사이에 무슨 깊은 이야기가 오고 갔을 리 없다. 아마 여러 가지로 번민 많은 젊은 청년에게 일반적인 조언을 하셨을 것으로 짐작되는데 젊은 날 금강산에서 수도하신 이야기가 한 조각 어렴풋하게 남아 있다. 그 날 스님께서 가지고 가서 읽어보라고 주신 『불교학개론』을 오래도록 간직했다. 이미 고등학교 시절 출가하여 입산수도를 하고 싶다는 생각을 강하게 가지고 있었지만 학업을 중단하고 출가한다는 것이 부모에 대한 자식의 도리가 아닌 것 같아 일단 나는 대학 진학을 목표로 했다. 그 대신 인생이 무엇이고 삶이 무엇인지를 탐구하는 문학을 전공으로 택하고 싶었다. 이 또한 부모님의 반대가 있었지만 문학과 철학과 역사에 골몰해 있던 나의 군건한 의지를 그 분들도 끝내 막을 수는 없었다.

한용운의 시「님의 침묵」을 읽고 그 감동으로 인해 시를 써보겠다고 생각하고 문학을 전공으로 택했지만 문학과 인생의 문제는 쉽게 풀리지 않았다. 대학에서 만난 조지훈 선생님의 경우 겨우 두 과목을 수강했는데 마지막 강의는 다 마치시지 못한 채 어느 봄날 홀홀히 세상을 떠나셨다. 가까이서 개인적 가르침을 받을 여가도 없었다. 음울하게 흐린 날에 거행된 영결식장에서 박목월 시인을 비롯한 선배 문인들의 조사와 추도시를 들으면서 인생과 죽음에 대한 알 수 없는 불안이 내 마음 속에 퍼져나가는 것을 느낄 수 있었다. 이때 시는 나에게서 잡히지 않는 신기루처럼 어른거렸다. 1968년 5월 20일 지훈의 시신을 마석 언덕에 묻으러 가는 산길에서 그 분의 영정 사진을 들고 올라갔다는 것은 우연이지만 또한 잊을 수 없는 일이었다. 시의 길을 가르쳐 주는 스승이 없는 상황에서 내가 할 수 있는 것은 도서관의 책들을 혼자 읽거나 그 책들을 읽고 '호박회'의 학문적 동지들과 토론하면서 젊은 날을 보내는 것이었다. 출구 없는 열정으로 회의와 번민을 거듭하던 시절이었지만 인문학 서적에 대한 탐독은 나에게 의미 있는 축적의 시간들이었다. 막상 대학을 졸업하고 군대를 제대하고 보니 모호한 환영은 걷히고 거친 현실이 소용돌이쳤다. 무엇보다 재능에 대한 회의가 앞섰고 현실에 대한 불안이 앞길을 가로막았다. 다른 동기생들이 제대를 앞두고 해방과 축제의 분위기에 젖어 있을 때 나는 다시 선택의 기로에 섰던 고등학교 시절의 허무주의에 빠져들었던 것이다.

그때 우연히 만났던 분이 바로 황성기 선생님이었다. 아마도 이 분께서는 나에게 공부를 열심히 하라고 권고하셨을 것이다. 당신의 저서를 주셨던 것은 그런 의미가 아니었을까 한다. 그러나 대학원에 진학하여 공부하고 문단에 등단하고 다른 대학에 교편을 잡다가 지훈 선생님이 봉직하던 모교의 강단에 선 다음에도 나는 이곳으로 쉽게 돌아오지 못했다. 가까운 길을 옆에 놓고 먼 길을 돌아와야 했던 것이다. 인도를 여행하고 네팔을 돌아보면서 석가모니의 유적과 히말라야의 영봉들을 바라보았다. 밀림에서 단식 수행하던 석가가 설산에 가서 고행한 다음 보리수나무 아래서 깨달음을 얻었다는 것은 결코 우연한 역정이 아니라는 사실을 깨닫는 데 긴 시간이 필요했던 것이다. 시집 『공놀이 하는 달마』는 이런 나의 시적 탐구의 결실이었다. 문학에 침잠했던 까닭에 내가 독파한 불교 경전은 그 양이 많지 않다. 그러나 불교의 경전을 읽고 있으면 이 책들이 전에 어디선가 보았던 것 같다는 느낌을 갖는 경우가 많다. 언제 보았을까. 생각해 보면 전생의 어떤 인연으로 보았으리라고 추정하는 수밖에 없을 것이다. 금생에 보지 않았다면 달리 설명할 방법이 없다.

우리가 우연이라고 하는 그 수많은 우연은 어떤 필연을 전제하지 않고서는 이루어지지 않는다. 우연한 일이 생기고 우연이 다시 겹쳐지면서 인간사가 풀려나가 우연은 필연을 넘어서 인연으로 바뀌게 되고 다시 인연이 겹쳐지면서 생사고락의 그물망이 펼쳐지거나 뒤틀리는 것일 터이다. 처음에는 우연이라고 느껴지던 많은 것들이 시간이 지난 후 그것이 실은 우연한 일이 아니었다는 생각이 들 때 섬뜩하다. 풀리지 않는 곤혹스러운 일의 실마리를 오래도록 생각하여 그 실마리를 풀고 나면 그것이 가느다란 인연의 실타래에서 풀려나온 것이라는 사실을 확인하는 경우도 많다. 인간이 세상을 산다는 것은 그 우연과 필연 사이의 주체가 되기도 하고 그 대상이 되기도 하는 것일 터이다.

지난 5월, 부산「국제신문」이 주관한 '2012년 봄 시인의 모교 방문 행사'가 1960년에 내가 졸업한 남창초등학교에서 있었다. 사전 답사를 위해 수원에 갔다가 화홍문 쪽에서 시가지를 바라보면서 가장 눈에 띄는 불상을 보게 되었다. 그날따라 팔달산 중턱에 있는 거대한 불상의 후광에서 나타나는 휘황한 빛을 보고 놀라워하는 나에게 누군가 그곳에서 녹차 한 잔하면 어떻겠느냐고 말했다. 그 장엄한 불상은 말없이 그를 바라보는 수많은 중생들에게 커다란 보시를 하고 있다는 느낌을 받았기 때문에 서슴없이 이 제안에 동의했다. 부처님의 미소를 만난다는 것은 금생의 행복이다. 세상사의 고통으로부터 벗어나게 해 주는 아름다운 인연이 아니겠는가. 화성행궁 옆길을 올라 거대한 불상이 자리 잡고 있는 대승원에 들어서는 순간 분명 이곳이 언젠가 왔던 곳이라는 어떤 느낌이 스쳐갔다. 당당한 가람의 모습을 갖추고 있어 처음에는 잘 알아 볼 수 없었으나 언덕에서 바라보이는 시가지 풍경이 언젠가 팔달산 언덕에서 내가 바라보았던 것과 일치했다. 대승원의 사무국장에게 어렵게 황성기 선생님과의 만남에 대한 기억을 되살리며 혹시 이름이 바뀌지 않았느냐고 하면서 옛이야기를 풀어내 보이자 맞는 것 같다면서 그 분이 바로 아버님이셨다고 했다. 아버님께서 오래 전에 작고하셨다는 이야기를 듣고 나는 이 사실에 놀라는 한편 당황했다. 서울에서 한 시간 거리에 불과한 이곳을 가까운 데 두고 그렇게 멀리 긴 시간을 에둘러 온 것이다. 대승원의 금빛 부처의 미소를 경건하게 친견한 다음 뒤뜰로 가 보니 거기에는 잎이 무성한 계수나무가 아름다운 자태를 드러내고 있었다. 계수나무 아래에는 설법의 장소에 어울릴 법한 아담하고 적요한 공간이 있었는데 팔달산을 수없이 오르내렸지만 전에는 모르고 있었던 내밀한 소통의 공간이 나무 그늘을 만들어 놓고 누군가를 기다리는 것 같았다.

  이곳에서 시를 한 번 읽어 보고 싶다는 간청을 주지인 수산 스님에게 부탁드리고 몇 몇 학생들과 시를 읽어 보았다. 서늘한 기운이 감돌고 마음이 고요하게 가라앉았다. 바로 이 공간이야말로 내가 오래도록 안식을 바라던 바로 그런 장소라는 느낌이 들었다. 수구초심이라는 말은 선인들이 오래 전부터 되새기던 명구이다. 초심으로 돌아가 시 한 편을 읽고 나니 초등학교 시절을 출발점으로 면학 시절을 거쳐 등단하여 활동하고 대학교의 정년이 가까운 나이가 된 지난 반세기 동안의 번민과 방황이 연두 빛 계수나무 아래서 하나의 원점으로 모아지는 것 같았다. 무에서 태어나 무로 돌아가는 것이 인생이라는 말은 범박하게 사용되지만 그만큼 울림도 큰 말이다. 내가 살아온 인생의 자잘한 이야기들은 마치 대승원과 나와의 사이에 얽힌 이야기처럼 작은 인연에서 비롯되어 반세기의 세월을 에돌아 원환의 수레바퀴를 굴리면서 원래 시작되었던 최초의 출발점으로 되돌아 온 것이다. 인연과 윤회는 멀리 있는 것이 아니다.

  지난 5월 초 남창학교 채근석 교장 선생님의 초청으로 어린이날 기념 체육대회에 참석했다. 초등학교 4, 5 학년들이 무엇을 알겠는가. 그 어린 시절에 내가 무엇을 생각했었는지 알 수 없지만 철없이 뛰놀며 장난치던 유년의 옛된 목소리들이 해가 갈수록 자신의 영혼 깊은 곳으로 흘러들어 자기도 모르는 사이에 그들의 일생을 지배하게 되는 것이 아닐까. 어린 시절의 초등학교 운동장이 한없이 넓었다면 그것은 그가 살아갈 인생 또한 그렇게 넓고 큰 것이었기 때문일 것이다. 나이가 들어 돌아와 보는 운동장이 손바닥보다 작아 보인다면 그것은 그의 인생이 그만큼 작아진 탓일 것이다. 여름 계수나무의 잎사귀는 한없이 푸르다. 머지않아 단풍에 물들 것이고 겨울의 비바람을 맞으며 앙상한 나무가 될 것이다. 다시 봄이 되면 계수나무는 새싹을 틔울 것이다. 물든 잎사귀를 날리며 계수나무는 검고 작은 씨앗을 지상에 뿌릴 것이며 지상에 떨어진 그 열매가 썩지 않는다면 그 열매는 자라면서 자신의 그늘을 펼치고 사람들에게 안식의 자리를 만들어 줄 것이다.

  황성기 선생님이 가장 아끼던 나무가 계수나무였다고 한다. 인도에서 가지고 와 뒤뜰에 손수 심으셨다고 한다. 태풍이 부는 날 대승원에서 가장 먼저 살펴보는 것이 계수나무라고 했다. 아마도 그 분 또한 젊은 날 인생에 대해 많은 고뇌와 번민을 가지고 계셨을 것이기에 자신의 분신과도 같은 계수나무를 심어 훗날 사람들의 발길을 멈추게 하고 시와 인생을 생각하게 만드는 공덕을 쌓았을 것이다. 그 분과 나와의 인연 또한 계수나무의 생애가 알려 주는 것처럼 오래 전 맺어진 전생의 인연으로부터 비롯된 것이다. 그것은 인생에 대해 번민하는 모든 사람들이 서로 나누어 가지고 있는 근원적인 인연이기도 하다. 최근 졸업을 앞둔 한 학생으로부터 메일 한 통이 왔다. 갈 길을 모르고 방황하는 자신에게 귀중한 충고를 부탁한다는 것이다. 팔달산에 올라와 시가지를 바라보던 40년 전의 내 얼굴이 떠올랐다. 젊은 날 인생의 방황과 번민은 누구에게나 절박함으로부터 온다. 세상을 살아가면서 부딪치는 모든 만남과 헤어짐에서 인연 없이 이루어지는 일은 하나도 없다. 수레바퀴는 저절로 굴러가지 않는다. 인연의 수레바퀴를 굴리며 산다는 것은 자신의 인생을 깊이 본다는 뜻이리라.

*『불교신문』, 2012년 8월 29일

남창동의 추억과 영화 "사랑손님과 어머니"

　초등학교나 중학교 시절에 대해서는 말할 때는 누구나 감회에 빠져들지 않을 수 없을 것이다. 60의 고비를 훌쩍 뛰어 넘은 나에게 반세기가 넘는 세월의 저 편에서 천진난만한 어린 시절을 불러와야 한다는 것은 다시금 나에게 어린 소년의 마음을 되살리게 만들어 준다. 1948년 수원에서 출생한 나는 공직생활을 하시던 아버지의 직장을 따라 지방의 항구도시인 부산, 여수, 목포 등지를 전전했고 다시 수원으로 돌아와 남창초등학교를 다니기 시작한 것은 초등학교 4학년 말경이었던 것 같다. 동급생보다 어린 나이와 잦은 전학으로 공부에 집중할 수 없었으나 어떻든 남창초등학교를 졸업하고 수원중학교에 입학한 것은 1960년 3월이다.

　세월이 지나감에 따라 기억도 조금씩 흐려지기는 하지만 1960년 4월 혁명의 열기가 수원지역으로 확산되는 것을 중학 신입생 새 교복에서 옷 냄새가 채 마르기 전인 4월 20일 종로거리에서 처음 보았다. 남창동 집에서 골목길 두 개를 걸어 나오면 종로 거리였다. 나로서는 알 수 없는 이유로 학교는 휴교에 들어간 상태였으므로 무언가 궁금해 종로거리로 걸어 나왔는데 버스를 탈취해 거리를 질주하면서 유리창을 깨부수고 수많은 인파를 향해 대학생들이 외치던 소리가 아주 인상 깊게 기억에 남아 있다. 그것이 내가 본 4.19 혁명이었다. 그 때 유리창이 깨진 버스를 두들기며 충혈된 눈으로 외치던 대학생들이 대부분 서울농대 학생들이었다는 것은 후일 알게 되었는데 중학교 신입생의 호기심 어린 눈으로 보았던 이 경험은 후일 1980년 10월 마산 현장에서 보았던 부마사태라든가 10.26 사건 등을 바라보는 원점이 되었다. 역사란 무엇인가에 대한 근원적인 의문은 이로 인해 평생을 그림자처럼 나를 따라 다니게 되었다.

　2013년 1월 14일 수원 화성박물관에서 '사랑손님과 어머니'를 상영한다는 전갈을 받았다. 추운 날이었지만 수원에서 중학교를 다니던 시절의 햇빛과 거리를 직접 다시 보기 위해 만사를 제치고 수원으로 갔다. 당시 최고 인기 배우였던 김진규와 최은희가 등장하여 세인의 주목을 받은 이 영화가 촬영된 것이 1961년 8월이라고 하니 아마 수원중학교에서 다시 아버지의 직장이 있는 목포로 전학을 가려고 싶어 하던 무렵이라고 기억되는데 어떻든 나의 기억 속에서도 가물가물한 1960년대 수원의 거리 풍경을 보는 것이 나의 주된 목적이었다. 우선 촬영 장소 부근의 거리가 인상적이었다. 자동차가 다니는 길이라기보다는 우마차가 지나갈 정도의 길이라고 할 수 있는데 지금도 남아 있는 기와집이 당시로서는 새로 난 도로보다 높이 자리 잡고 있다는 것이 먼저 눈에 들어 왔다. 기와집 대문의 높은 문지방에 쪼그려 앉아 햇살을 받으며 친구들과 이야기 하던 조무래기 시절의 기억이 그대로 떠올랐다. 그리고 서문으로 가는 길에 그 많던 초가집들이 다시 보였는데 이러한 풍경은 지금은 전혀 상상할 수 없는 거리 풍경일 것이다. 햇빛은 두텁게 내리고 주인공이 양산을 들고 직사광선을 피하며 거리를 걷는 모습도 당시는 흔히 볼 수 있었고 화홍문 언덕에서 사랑손님이 기차를 타고 떠나가는 모습을 어린 딸과 과수댁이 바라보는 광경도 당시 남녀가 이별하는 방식이 어떤 것인가를 보여주는 상징적 장면이었다. 지금 높은 기와지붕을 얹은 '한 데 우물'은 당시에는 그와 같은 가림막이 없는 노천 우물이었던 것 같다. 계란 장사 아저씨와 식모 아주머니가 야외에서 데이트하는 장소는 서호 부근 제방의 둑이었을 것이라 생각된다. 서울 근교에서 그래도 낭만적인 장소라고 여겨지는 서호 부근은 1960년대 중반 대학신입생들이 수원 푸른 지대 딸기 먹으러 가던 야유회 장소로 명성을 날렸던 곳이기도 하다. 물론 대학을 진학하지 못한 또는 입시에 낙방한 학생들은 그것을 부러운 눈길로 바라보았을 것이다. 종로 교회건물은 붉은 벽돌건물로서 지금도 결코 작다고 할 수 없지만 예전에는 더 크게 보였고 지금 화성별관 자리 부근에는 화성군청과 버스터미널이 있었다. 그 때 터미널에서 붐비던 사람들의 영상이 아련하게 남아 있다. 당대를 살던 그 소박한 사람들은 지금 다 어디로 간 것일까. 안개 짙은 가을 길을 걸을 때 문득 생각해 보는 의문이다.

남창동 길에서 초등학교로 올라가는 길은 그 언덕은 기억 속에서는 아주 높았다고 기억되는데 지금 그 곳을 가보면 아주 완만한 작은 언덕에 불과하다는 것이 나에게는 도저히 이해되지 않는 추억이기도 하다. 당시 남녀 각각 한반씩이었던 남창학교는 신풍학교에서 분가해 나온 학교로서 처음 교실이 한 동뿐이었는데 우리가 6학년 때 다시 건물 한 동을 짓게 되어 전교생이 모두 나가 검붉은 벽돌을 한 장씩 릴레이 형식으로 날랐던 기억이 새롭다. 팔달산에서 송충이 잡던 기억은 초등학교 동창들을 만나면 자주 떠올리는 추억거리이다. 그때는 송충이가 손가락보다 더 굵었다고 과장하여 그 징그러움을 표현하기도 한다. 아마 초등학생들에게는 그들의 작은 손가락에 비교할 때 송충이가 그렇게 크게 느껴졌을 수도 있을 것이다. 영화 촬영장소 옆길에는 차준담네 집 높은 대문이 있었고 초등학교 친구 중의 하나가 그 집 문간방에 세 들어 살고 있어 자주 놀러 갔었던 것 같다. 행궁 앞 광장을 가로질러 남창동 길로 들어서는 초입에 지금도 외롭게 서 있는 큰 대문은 차준담네 집 대문이라 기억된다. 지금 생각해 보면 단간 방에 세든 가난한 집이었는데 자주 놀러가 어려운 시절이었으므로 밥 때가 되거나 피해주기 어려울 때 부모들이 여간 난처해하지 않았을까한다. 지금 행궁 복원으로 사라진 넓은 터에는 당시 갑자기 벼락부자가 되어 수원 최고 부자라고 했던 양성관네 아흔 아홉 칸 자리 집이 버티고 있었다. 당시 그 집이 얼마나 크게 느껴졌던지 나에게는 다가갈 수 없는 거대한 성과 같이 느껴졌다. 당시 수원성이 6.25전란의 피해로 대부분 무너져 있었던 것과 달리 우람하게 서 있던 1970년대 초반 이 집이 헐려 용인 민속촌으로 이전 될 것이라는 신문 보도를 보았을 때 의 부라는 것이 얼마나 허망하게 사라지는 꿈과 같은 것이 아닌가 생각했던 것이 나의 궁핍한 대학원 시절이었다. 가끔 카프카의 소설 「성」이 연상되는 곳이기도 했다.

지금 행궁동 주차장 자리 뒤편에 흔적만 남은 영산약수터는 상당히 높은 지대에 있었던 것으로 기억되고 있으나 역시 그렇게 높은 자리는 아니었던 것 같다. 당시는 영험한 약효가 좋다고 알려져 많은 환자들이 모여들었다. 가끔 움막 같은 집이 한 두 채 보이기도 했는데 그 어두운 곳에서 음산한 괴기가 이상한 빛으로 퍼져 나와 가까이 접근하기 힘들었다. 특히 폐결핵 환자가 많이 모여들었다고 했다. 여름철에 영산약수를 주전자에 담아 집으로 돌아오면 노란 주전자 표면에 물방울이 커다랗게 맺혀 있던 것은 보았던 기억도 새롭다. 수월당 양과자와 일홍원(?) 냉면도 수원 장안에 인기가 있었다. 대개 오전에 만들어지는 수월당 과자 굽는 냄새는 어린 시절 나의 꿈을 부풀리는 가장 향기로운 추억으로 남아 있다. 가끔 큰 외삼촌의 심부름으로 일홍원에 가면 육수를 따로 주전자에 담아 주었다. 정오의 따가운 여름 햇살 아래 주전자에 맺힌 물방울을 보고 빨리 집으로 가서 냉면을 먹고 싶다는 급한 마음과 동시에 무더위를 식혀주는 청량감을 느끼기도 했다.

남창동에 관한 추억을 말하는 데 있어서 내 인생에서 빠트릴 수 없는 사건이 하나 있다. 수원중학교에 들어간 지 얼마 되지 않은 어느 날 별 생각 없이 종로 거리를 지나가는 사람들을 바라보면서 집으로 돌아가는 중이었다. 새로 맞춰 입은 교복과 중학생 모자에 달린 교표가 번쩍거리며 광을 내고 있었을 것이다. 그런데 누군가 갑자기 내 등을 툭 치고 지나가는 것 같았는데 그는 내 옆을 스쳐지나가면서 모자를 벗겨 쏜살같이 앞으로 달려갔다. 나는 그를 뒤쫓을 생각을 하지 못하고 무언가 망연한 생각에 빠져 잠시 멍하니 서 있었다. 그리고 의식이 돌아 온 순간 중학 생 까까머리를 손으로 쓸어보며 과연 이 일을 어떻게 감당할 것인가 하는 난감한 사태를 직감했다. 학교에 들어가자마자 새로 산 모자를 잃어버렸으니 이 일을 어떻게 집에 가서 이야기할 것이며 뒷감당을 어떻게 할 것인가 생각하니 머리가 아득하고 암담하여 발걸음이 떨어지지 않았다. 우선 당장 내일 아침 등교 시간이 걱정이었다. 눈알을 부라리며 교문을 지키고 서 있는 훈육 주임에게 무어라고 말할 것인가. 친가에서 학교를 다닌 것도 아니어서 멀리 떨어져 있는 어머니에게 어떻게든 얘기해 이 난감한 일을 풀어야 하는데 모두가 난처한 일이었다. 모자를 탈취해 간 그를 원망할 여유도 없었다. 그런데 묘한 것은 이 때 모자를 잃어버렸던 것은 후일 돌이켜 보면 나에게 문학이란 무엇인가를 생각하게 만든 계기가 되었다는 것이다. 모자를 머리에서 벗겨 탈취한 그가 달아나는 것을 바라보면서 나는 내 자신의 분신을 잃어버렸다는 느낌이 와락 다가왔다. 때로는 탈취당한 그 모자가 진정한 내가 아니었을까 상상해보기도 하고 그때 잃어버린 모자였던 나를 찾는 것이 문학을 하는 것이라는 생각도 하게 된 것이다. 나에게서 나를 빼앗아버린 알 수 없는 우연한 사건으로 인해 다시 나를 찾아가는 것 그것이 나로 하여금 문학에 눈뜨게 각성시켜 주었다는 것이다.

1960년 봄 나는 수원 종로 거리에서 4.19혁명이 소용돌이치는 현장을 목격했으며 남창동 집으로 돌아가는 길에서 나의 중학생 모자를 잃어버렸다. 특히 중학생 모자는 나 자신의 탈취당한 분신과도 같은 것이었다는 생각이 든다. 혁명과 모자를 떠올리면서 나는 지금 과거를 단순히 추억 하는 것이 아니라 다시 잃어버린 나를 찾아 나서게 된 사연에 대해 말하는 것이다. 그것이 남창동과 나 사이에 뗄 수 없는 삶의 이야기이며 문학의 이야기이기도 하다.

* 수원에서 간행되는 골목길 잡지 『사이다』, 2013년 1월

내 인생을 전환시킨 몇 가지 순간들

누구나 인생의 결정적인 순간을 가지고 있다. 그 결정의 순간이 어떻게 작용하느냐에 따라 인생의 길도 달라진다. 오랜 시간이 지난 다음 왜 그렇게 되었는지 알 수 없는 경우도 많다. 지금 돌이켜 보면 나에게도 몇 번의 중요한 순간들이 있었다. 어쩌면 운명적인 순간들이었다고 필연성을 부여하고 싶기도 하지만 다시 생각하면 그것은 우연의 순간들이었는지도 모른다. 지금 선명하게 떠오른 몇 장면은 다음과 같다.

우선 제일 먼저 기억되는 것은 1960년 남창초등학교를 졸업하고 수원 중학교에 입학하여 경험했던 다음 두 가지 사건이다.

> 세월이 지나감에 따라 기억도 조금씩 흐려지기는 하지만 1960년 4월 혁명의 열기가 수원지역으로 확산 되는 것을 중학 신입생 새 교복에서 옷 냄새가 채 마르기 전인 4월 20일 종로거리에서 처음 보았다. 남창동에서 골목길 두 개를 걸어 나오면 종로 거리였는데 알 수 없는 이유로 학교는 휴교에 들어간 상태였으므로 무언가 궁금해 종로거리로 걸어 나왔는데 버스를 탈취해 거리를 질주하면서 유리창을 깨부수고 수많은 인파를 향해 대학생들이 외치던 소리가 아주 인상 깊게 기억에 남아 있다. 그것이 내가 본 4.19 혁명이었다. 그때 버스를 두들기며 충혈된 눈으로 외치던 대학생들이 대부분 서울농대 학생들이었다는 것은 후일 알게 되었는데 중학교 신입생의 호기심어린 눈으로 보았던 이 경험은 후일 1980년 10월 마산 현장에서 보았던 부마사태라든가 10.26사건 등을 바라보는 원점이 되었다. (......)
> 남창동에 관한 추억을 말하는데 있어서 내 인생에서 빠트릴 수 없는 사건이 하나 있다. 중학교에 들어 간 지 얼마 되지 않은 어느 날 별 생각 없이 종로 거리를 지나가는 사람들을 바라보면서 집으로 돌아가 는 중이었다. 새로 맞춰 입은 교복과 중학생 모자에 달린 교표가 번쩍거리며 광을 내고 있었을 것이다. 그런데 누군가 내 등을 치고 지나가는 것 같았는데 그는 내 옆을 스쳐지나가면서 모자를 벗겨 쏜살같이 앞으로 달려갔다. 나는 그를 뒤쫓아 갈 생각보다는 무언가 망연한 생각에 잠시 멍하니 서 있었다. 그리고 의식이 돌아 온 순간 까까머리를 손으로 쓸어보며 과연 이 일을 어떻게 감당할 것인가 하는 난감한 사태에 직면했다. (......) 모자를 탈취해 간 그를 원망할 여유도 없었다. 그런데 묘한 것은 이 때 모자를 잃어 버렸던 것은 후일 돌이켜 보면 나에게 문학이란 무엇인가를 생각하게 만든 계기가 되었다는 것이다. 모자를 머리에서 벗겨 탈취한 그가 달아나는 것을 바라보면서 나는 내 자신의 분신을 잃어버렸다는 느낌이 와락 다가왔다. 때로는 탈취당한 그 모자가 진정한 내가 아니었을까 상상해 보기도 하고 그 때 잃어버린 모자였던 나를 찾는 것이 문학을 하는 것이라는 생각도 하게 된 것이다. 나에게서 나를 빼앗아버린 알 수 없는 우연한 사건으로 인해 다시 나를 찾아가는 것 그것이 나로 하여금 문학에 눈뜨게 각성시켜 주었다는 것이다.
> (「남창동과 잃어버린 중학생 모자」, 『사이다』, 2013년 봄.)

수원중학교를 일 년 마치고 다음해 봄 아버지와 함께 계신 목포에 어머니가 그리워 목포 유달중학교로 전학을 갔다. 전학 후 첫 일 년은 친가로 돌아왔다는 안도감으로 멋모르고 동네 아이들과 물고기를 잡고 개울가에서 놀고 지냈으나 5.16이 일어나고 그로 인해 부친이 강제 퇴직을 당한 다음 중3 시절은 우울하고 어려운 시기였다. 어머니는 별 말이 없었으나 집안의 몰락을 지켜보면서 가족을 이끌고 나갈 길을 걱정하셨을 것이다. 중3이 되자 당장 입시가 눈앞에 다가와 있었으나 별로 학업에 전념하지 않고 동네 친구들과 물고기나 잡으며 놀고 지내던 던 나로서는 2학기기 되어서야 정신이 번쩍 들어 다급히 입시를 준비하기 시작했다. 담임은 지금 성적으로 조금 어려울지도 모르겠다고 했으나 초등학교 시절 손기정 선수의 명성을 듣고 한 번 가고 싶어 했던 양정고등학교를 지망했다. 아마 겨우 입학시험을 통과하지 않았을까 싶다.

서울의 사립명문 고등학교에 들어가 시골 중학교 출신의 후진성을 탈피하면서 성적은 지속적으로 향상되었으나 정작 열심히 힘을 기울였던 것은 역사나 철학서들을 읽는 것이었다. 아마 아버지의 실직으로 인한 정신적 충격을 극복하는 나만의 방법이었을지도 모른다. 당시 가정 형편은 경제적 여력이 없었으니 통상적으로 다른 급우들이 선호하는 법과나 경영학과를 지망하는 것이 당연해 보였으니 나는 그러고 싶지 않았다. 무언가 뜻있는 길을 가고 싶었다. 오히려 취미로 읽은 철학이나 역사를 공부하는데 내심 뜻을 두고 있었다. 학교 공부나 성적에 전전긍긍하는 동급생들과 다른 길을 가고 싶었던 것이다. 그러던 중 고2 단풍잎이 물들어가는 어느 가을날 국어 시간 동급생이 한용운의 시「님의 침묵」을 암송하는 것을 듣고 크게 마음이 흔들렸다. 문학으로 진로를 바꾸어야겠다고 생각했다. 당연히 고3이 되자 마지막 학과 전공을 선택해야 하는 난관에 봉착했다. 가족들의 강한 반대를 무릅쓰고 국문학과를 택했으며 내 나름으로 깊은 뜻을 가슴에 품고 조지훈 시인이 봉직하는 고려대학교로 발길을 향했다. 시시하게 할 것이 아니라 무언가 이 분야로 나가 정점을 찍고 싶다는 생각을 남몰래 가지고 있었다.

> 나의 한용운 시 읽기는 반세기에 가깝다. 이전 기억은 확실하게 떠오르지 않지만 한용운의 시를 제대로 만난 것은 1964년 고등학교 2학년 가을이었다. 국어시간에 담당 선생님은 어느 날 진도를 나가지 않았다. 선생님이 한용운 시를 암송할 학생을 갑자기 찾았다. 동급생 중의 한 사람이「님의 침묵」을 낭송했다. 약간의 더듬거림이 있었지만 그가 낭송을 끝내고 나자 침묵하던 교실 안은 이상한 전율에 사로잡혔다. 그 시절 역사나 철학을 공부하고 싶다는 생각을 마음속에 가지고 있었던 나는 이 알 수 없는 가을의 전율을 게기로 문학을 지망하게 되었다. 사람의 마음을 움직이는 힘을 시에서 느꼈기 때문이다.
> (「한용운 시 읽기, 50년의 즐거움」,『님』, 2012년 봄호.)

이 당시 국어선생님은 이명복 선생님으로 기억되는데 특히 시에서 사람의 마음을 움직일 수 있는 힘이 있다는 것을 느꼈다는 것은 나의 지망을 바꾸는 데 있어서 결정적이었다. (훗날 이분이 내가 학계에서 활동하는 이야기를 듣고 매우 자랑스럽게 생각했다는 풍문을 들었다.) 물론 대학에 들어가 국문학을 전공한다고 해서 당장 시가 굴러 떨어지는 것도 아니고 문학이 문

앞에서 환영하면서 기다리는 것도 아니었다. 또한 대학 3학년 시절 어느 봄날 지훈 선생이 홀홀히 이승을 떠나갔을 때 내 마음 속에 간직하고 있던 시인이 되고자 했던 소망은 무너지고 나 스스로 새로운 계기를 찾지 않으면 안 되었다.

지훈 선생 작고 후 1968년 가을 내내 고려대학교 도서관에 소장된 시집들을 읽기 시작했다. 몇백 권의 시집을 독파하고 나니 시가 무엇인지 어렴풋이 떠올랐다. 그리고 교내 독서 서클 호박회의 회장이 되어 매주 한 권의 고전을 선후배들과 함께 읽었다. 항상 도서관에 진을 치고 있던 학구파들이 졸업을 앞두고 하나씩 제 길을 찾아갔다. 공인회계사가 되거나 고시에 합격하거나 일류회사에 입사했다. 마지막까지 빈 좌석이 커가는 겨울 도서관을 쓸쓸한 마음으로 지키던 나에게도 졸업과 소위임관이 기다리고 있었다. 문맥이 통하지 않는 습작시를 쓰고 있었으나 뚜렷한 미래가 보이지 않는 막막한 시간을 견디다가 1970년 2월 졸업과 함께 소위로 임관되어 최전방 부대에 배치되었다. 전방 부대에서 말단 소총병들과 지내면서 한가한 틈마다 습작 노트를 매만져 보았지만 별 다른 진전이 있었던 것은 아니다.

1972년 6월 만기 제대를 하고 학문과 취직의 길에서 잠시 망설이며 직장을 구하려던 나는 아직도 마음 속 깊이 선망하던 학문의 길을 택하고 대학원으로 진학했다. 학부시절 독서토론서클 호박회 지도교수였던 불문학과 강성욱 교수의 권고를 받아들여 소설가 정한숙 선생님을 지도교수로 모셨다. 당시 국문학과에는 조지훈 선생 타계 후 현대시 전공교수가 재직하고 있지 않았다. 처음에는 본인은 시가 전공이 아니라고 사양하셨으나 두 번째 찾아뵙고 다시 말씀드리니 오히려 내심 기다리고 있었다는 듯이 반색을 하셨다. 단번에 받아주면 재미없다고 하시면서 엷은 미소를 보여주었다. 아마 나를 시험해 보았는지도 모른다. 물론 당시 나는 열망과 미지의 가능성만을 지닌 문학도였다. 내성적인 나와 다른 평안도 사람의 직선적이며 다혈질적인 기질을 가진 분이어서 처음에는 서먹했지만 선생님은 시간이 지나면서 나에 대한 신뢰감이 깊어지자 친자식같이 깊은 애정을 가지고 대해주었으며 인생의 행로를 정하는데 결정적 조언을 해 주었다. 대학원 재학시절에는 등록금을 벌기 위해 한 학기 또는 길어야 일 년 단위로 임시교사 생활을 전전했다.

그러나 이런 생활을 언제까지나 계속할 수 없다는 결심을 하게 되었고 1978년 가을에는 모든 외부 강의를 중단하고 미아리 한옥 문간방에서 두문불출하고 공부에 전념했다. 이 집중의 시간 때문인지 1979년 1월 신춘문예에 당선하고 뒤이어 3월에는 경남대학교 전임강사가 되었다. 그 동안 겪었던 어려운 관문을 단숨에 돌파하고 문인으로서 교수로서의 길에 올라 선 것이다. 경남대 초임 교수 시절은 힘들고 어려웠다. 무엇보다 현지에 적응한다는 것은 쉬운 일이 아니었다. 다만 배우기를 열망하는 학생들이 있었기 때문에 이 어려운 고비를 넘겼다. 그리고 문학의 길도 아주 멀리 있었다. 어느 것도 하나 손에 잡히는 것이 없었다. 겨우 직장을 잡은 것 하나밖에 없었다. 처음부터 다시 시작해야 한다는 기분이 들었다. 마침 같이 부임한 고전문학 전공의 서종문 교수가 열심히 공부하여 그와 함께 학문에 집중할 수 있었던 것이 큰 힘이 되었다. 이제부터 오직 하나의 길을 가는 사람이 되어 비평과 시에 전념하겠다고 마음먹었다.

　좋은 운이 따라서인지 경남대에 부임한지 불과 2년만인 1981년 가을 한국문단에 수많은 인재를 배출한 경희대학교로 직장을 옮길 수 있는 기회가 왔다. 더없이 좋은 기회였다. 좀 더 적극적으로 학문에 매진했다. 경희대학교에서 문단의 원로 황순원 선생님을 만나고 문학을 열망하는 많은 인재들을 만나 즐겁고 행복하고 생산적인 대학교수 생활을 했다. 토요일, 일요일이 없이 매일 연구실에 나가 책을 읽고 원고를 쓰면서 학문에 매진한 내 30대 모든 열정이 여기에 바쳐졌다. 경희대학교에서 만난 그들은 평생의 문학적 동지이자 인간적 벗이 되었다. 80년대 중반 이후 어느 정도 이름도 얻고 학교에서도 안정적 위치를 확보하여 평생을 거기서 지낼 생각을 하고 있었다. 그런데 불문과 강성욱 선생님이 제자들과 함께 몇 차례 경희대학교 부근으로 오셔서 '최선생 지금 여기서 안주하면 안 된다'는 격려와 질책을 아끼지 않으셨다.

　그 분의 따뜻한 배려의 말씀은 내 마음 속에 커다란 울림을 주었다. 좀 더 깊고 넓은 세계를 생각하지 않을 수 없었다. 마침 모교의 지도교수 정한숙 선생님이 정년을 하시고 현대문학자리가 생겨 1988년 3월 모교 고려대학교로 직장을 옮겼다. 1968년 조지훈 선생 타계 이후 20년 가까이 공석이었던 모교의 현대시 교수가 된 것이다. 과분하고 영광스러운 일이었으나 아직도 나에게는 넘어서야 하는 벽이 있었다. 그것은 시인으로서의 길에 더 많이 집중하지 못한다는 것이었다. 창작과 비평의 두 갈래 길이 내 앞에 놓여 있었지만 이를 하나로 통합해 나가는 데는 좀 더 많은 시간이 요구되었으며 보다 결정적인 전환의 계기가 필요했다.

　1999년 가을 미국 UCLA 도서관에서 정지용 시를 한 편 한 편 정독하고 있던 중 갑작스럽게 부친이 이승을 하직했다. 청년 시절에는 동경 유학생 출신으로 잘나가던 부친은 한 번의 좌절을 겪은 다음 풀리는 것이 없는 인생의 후반을 사셨다. 그분의 생이 나에게 미친 알 수 없는 허전함을 달래기 위해 한겨울 데스밸리를 여행했다. 생명체가 존재하기 힘든 겨울 모래사막에서 생사의 경계를 향해 차를 달리면서 사막의 신비로움을 체험했다. 2000년 봄 귀국하여 마음을 다잡으며 여름을 보내고 가을이 짙게 물든 어느 날 설악산 백담사에 무산 스님을 만났다. 오래 전 말씀드린 당호를 받기 위해서였다. 큰 기대를 가지고 부푼 마음으로 설악산에 들어갔는데 여기서 죽비 한 방을 크게 얻어맞고 나가떨어졌다.

　　노장스님이 문득 벽에 붙여 놓은 칠언절구를 가리키며, "최 선생 부탁한 당호가 저기 있네." 하였다. 방에 들어서면서 잠시 눈길을 주었던 글이었다. 지렁이가 기어가는 지독한 졸필이었다. 그 중에 치인癡人이란 두 글자가 들어왔다. "최 선생 부탁을 듣고 이리저리 생각해 보았는데 저 두 자가 적당한 것 같아." 나는 잠시 어리둥절하지 않을 수 없었다. '바보'가 되다니, 마음속으로 부러워하던 전설적인 명호 들이 내 머리를 스쳐갔다. 나는 선뜻 좋다고 말하지 않았다. 당황스러운 일이었다.

　　　　　　　　　　　　　　　　　　　　　　（「바보가 산길을 헤매다」, 『문학사상』, 2001년 1월호.）

물론 나도 그 당호가 감당하기 어려운 것임은 직감했다. 당황한 내 마음을 간파한 노장 스님 말씀하셨다.『벽암록』에 나오는 족보 있는 당호라는 말씀과 앞으로 열심히 시를 쓰라는 당부가 들어 있다는 것이다. 벌써 12년 전의 일이다. 방문을 열고 나와 취기와 함께 가득한 소변을 쏟아내니 설악산 계곡에 쏟아지던 달빛이 바람과 함께 온 몸을 휩쓸고 지나갔다. 한용운이「님의 침묵」에서 말한 바로 그 숲길을 어둠 속에서 걸었다. 낙엽 밟히는 소리가 내내 꿈속에서 들렸다. 새벽 공양을 하고 법당 앞을 걸었다. 벽암록 제 7칙의 본문을 음미해 보았다. 혜초가 법안 스님에게 물었다. " 무엇이 부처입니까?" 법안이 답했다. "네가 혜초냐" 혜초는 이 말 한 마디에 바보가 되었다. 그리고 크게 깨달았다. 되다 만 바보는 바보가 아니다. 나는 다시 지난 밤 얻어맞은 법문 한 방을 다시 얻어맞고 계곡에 빠져 일어서기 힘들었다.

눈발 속의 아기 돌부처를 마음속으로 모시고 한 겨울을 났다. 그리고 시의 길을 가는 하나의 도를 찾아야 한다는 것을 깨달았다. 때로 흔들림이 있었지만 시 비평과 창작이 바로 둘이 아니고 하나라는 비분리의 길을 찾아서 지금 여기까지 걸어왔다. 바보가 아닌 길에서 바보의 길을 찾아 온 것이다. 비평과 창작을 하나로 하는 것, 그것이 나의 길이었던 것이다. 2005년 모교 고려대학교와 양정고등학교가 모두 백 주년을 맞이했다. 우연한 일이지만 양교의 100주년 기념가를 모두 작시했다. 고려대학교 기념가는 한국종합예술학교 총장 이건용 선생이 작곡하여 5월 5일 기념행사 당일 테너 최현수가 노래했다. 세계 각국에서 모교 100주년을 축하하기 위해서 온 대학총장들이 가득 찬 기념식장을 울리는 최현수의 장중한 목소리는 교정을 메아리치면서 나의 가슴 깊은 곳을 울리는 공명을 불러일으켰다. 시와 노래가 지닌 위대한 힘을 다시 한 번 느낀 순간이었다. 양정고등학교의 기념가는 엄규백 교장 선생님의 권유로 시를 쓰고 서울음대교수를 지낸 김정길 선배가 작곡하여 5월 12일 양정학교 목동 교정에서 모교밴드부의 연주로 축하 인사들과 선후배 그리고 전교생이 모인 자리에서 불려졌다. 손기정 선수가 우승 기념으로 독일에서 받아왔다는 월계수 푸른 잎이 목동 교정에서도 푸르게 넘실거리고 있었다. 고등학교 입학 이후의 생이 넘실거리는 나뭇잎파리를 타고 빠르게 지나갔다. 모두가 감격적 순간이며 시를 공부한 내 생의 이정표가 되는 기념비적인 일들이었다.

2011년 12월 10일 한국문인 최초로 스웨덴 노벨상 시상식에 참석했다. 호암상위원 자격으로 노벨상위원회로부터 공식 초대되어 세계지성의 축제를 보는 극적인 순간 다시 문학청년으로 돌아가는 기쁨을 느꼈다. 반신불수가 된 문학상 수상자가 휠체어 앉아 국왕으로부터 메달을 수여받으며 우레와 같은 박수를 받는 장면은 감동적이었다. 고등학교 시절부터 꿈꾸던 시의 힘이 빛나는 역사적 한 장면을 직접 목격한 것이다.

정년을 앞 둔 2013년 5월, 내 마음은 벌써 수원 남문에 가 있다. 수구초심이라는 말이 있듯이 대학에서 정년을 맞았으니 고향으로 돌아가고 싶은 마음이 일어났다. 다른 이유는 없다. 그 곳에 가면 언제나 푸근하고 넉넉해진다. 다시 초등학생이 된다. 분주함도 번다함도 없다. 시를 배우고 싶은 사람들에게 시의 기초를 가르치고 그들과 함께 여유로운 시간을 보내고 싶은 것이 현재의 소망이다. 다시 고향에 돌아가고 싶은 마음을 다음 시에 조금 표현 해 보았다.

1
수원 남문에서 감돌던 습습한 바람이 코끝에 불어와 일손을 놓고 달려와 팔달산 언덕을 오르면
낮은 담장과 굽은 성터에서 풍겨오는
푸근한 흙냄새가 어머니 젖가슴처럼 나를 반긴다. 담장 아래 토닥거리는 다람쥐 같은 햇빛과 오밀조밀한 거리를 걷는 수원 사람들의 느리고 뒤끝이 흐린 말소리가 들려온다.
외할머니 집으로 가던 골목길은 끊어졌으나 풍상의 세월을 열고 닫는 수원 남문은
말없는 증언을 주춧돌 밑에 기록하며 의연하게 서 있다.

2
옛날 친가에서 도망 나와 숨어 살던 정희 고모가 은밀하게 나를 손짓하며 부르던 수원 지원 옆 돌담길은 지금 어디로 사라져버렸지만 들꽃 같던 입술로 부르던 목소리는 아직도 나에게 중학생 시절의 외로움을 불러일으킨다.
방과 후 어느 날 무심코 낡은 목조대문을 밀치자 빙긋하게 열린 화령전 앞마당 작약꽃밭은 불타는 아름다움을 내 영혼에 점화시킨 최초의 불꽃들, 나는 얼마나 그 내면의 불꽃을 세상의 바람에 꺼트리지 않기 위해 열렬히 노력하지 않았던가.
—「수원 남문 언덕」전반부

모든 것은 종말에 이르면 그 처음으로 돌아간다. 지척에 있으면서도 자주 가지 못했던 남문 언덕을 오르면서 훈훈한 봄바람을 맞는 꿈을 꾸어 본다. 초등학교 교정에서 뛰어노는 아이들의 목소리도 듣기 좋다. 그들도 머지않아 넓은 세계로 나가야 하리라.
남창동 공방거리 길을 생각하면 어린 시절 골목길을 걸어가던 내가 있고 나이든 지금의 나의 모습이 있고 새로운 일을 시작하는 또 다른 미래의 내 모습이 있다. 그리고 근원으로 돌아가면 나의 시도 더 깊어지지 않을까 하는 희망이 나의 마음을 설레게 한다. 대학에서의 정년은 또 다른 시작이자 희망이다.

*『문학사상』, 2013년 6월

수원의 유년 시절 체험이 발효된 나의 시

　등교시간에 늦어 바쁘게 학교로 가다가 갑자기 교문 앞에서 집에 두고 온 숙제가 생각나는 수가 있다. 그 순간 모든 것은 정지되고 무엇을 어떻게 해야 할지 모르는 황당한 순간을 경험 한다. 고등학교 시절 문학에 뜻을 두고 시작한 이후 70에 가까운 나이에 이르기까지 오직 앞을 바라보고 달려왔는데 어느 틈에 뒤를 돌아보아야 하고 그 출발점을 생각해 보지 않을 수 없게 된 것이다.
　누구든지 그 첫 시작은 정확히 알 수 없다. 무엇이 어떻게 어떤 계기로 시작되었는지를 안다는 것은 쉬운 일이 아니다. 그저 아마도 이런 것이 아닐까 추측해 보는 것이 전부일지 모른다. 다시 생각해보면 유년 시절 특히 남창 초등학교 6학년인 1959년 그리고 중학교 1학년인 1960년의 기억이 선명하다. 그 이전의 경우 단편적이거나 흐릿한 이미지로 떠오르는 경우가 많다. 이 시기의 체험을 구체적으로 시로 녹여 표현하기 시작한 것은 2000년 초반부터이지만 본격적으로 나타난 것은 시집 『불꽃 비단벌레』(2009)에서라고 할 수 있다. 의식의 심층에 잠겨 있던 50년 전의 일들이 나의 시 속에서 딱딱한 세월의 지층을 뚫고 다시 살아나기 시작한 것이다. 이를 좋은 일이라고 말해야 할지는 모르지만 어떻든 왠지 기억의 한편에 머물러 있던 유년기 수원 시절의 체험이 의식의 밑바닥에서 고개를 내밀어 솟아나 왔다.

　　경기도립병원 지나 수원 지원 옆길에서 정말 우연히 만났다. 고향 떠나 어디서 바람 같이 산다는 소문이 들리던 고모가 골목길 돌담에 숨어서 핀 작은 들꽃 같은 입술로 나를 불렀다. 고모부가 갑자기 임시 서기로 취직이 되어 이리 와 살고 있다는 것이다.
　　외갓집에서 중학교에 다니던 나는 그 날 저녁 단간 셋방 고모 집에서 말없이 큰 눈만 껌벅거리던 고모부와 함께 푸짐한 저녁상을 받고 아무에게도 말하지 말라는 고모와의 약속을 굳게 지켰다.
　　정희 고모는 어느 날 다시 홀연히 사라졌다. 어린 시절 가장 예쁘고 똑똑해 온 집안의 사랑을 독차지 했다던 정희 고모가 잘 나가던 고모부와 왜 그렇게 숨어 살아야 했는지 그 이유를 나는 알지 못했다. 가출소년처럼 나도 외갓집을 떠난 다음 오랜 후까지 그날 정희 고모가 나를 부르던 그 은밀한 목소리의 떨림이 전해 왔다.
　　고모부와 헤어져 혼자 산다는 이야기도 들려오고 또 다시 남자를 만났다는 이야기도 들려왔지만 저녁상 부산하게 차려오며 부모 곁을 떠나 어린애가 얼마나 외롭겠느냐고 호들갑을 떨며 반가워하던 정희 고모의 그 들꽃 같이 숨어 살던 눈빛을 나는 아직 잊을 수가 없다.
　　　　　　　　　　　　　　　　　　　　　　　　　　　　―「정희고모」

중학교 1학년 신입생 적응하기 어려운 신입생 시절 숙제를 집어던지고 서문 밖으로 혼자 놀러 나가는 중이었다. 내성적인 성격이었던 나는 그 시절 홀로 있는 시간이 많았다. 지금은 경기도립병원도 수원지원도 다 현실에서 사라져버렸지만 내 기억 속에서는 선명한 이미지로 살아 있다. 학교생활이 지겨워 아무 기대 없이 내 발걸음 소리를 들으며 걷고 있는데 거의 환청처럼 돌담 뒤에서 누군가 나를 불렀다. 시행 속의 진술은 일부 사실을 반영하고 있지만 사실 그대로는 아니다. 어떻든 이날 저녁 벌어진 일들은 누구에게도 말하지 않는다는 고모와의 약속을 굳게 지켰는데 외할머니는 걱정스러운 표정으로 어디서 놀다가 이렇게 늦게 왔느냐고 꾸중이 대단했다. 여기 진술된 정희고모의 생애는 그 후 여러 장면에서 만나는 여성들의 생애를 상징하는 것은 물론이고 생의 비밀을 알 수 없다고 느낄 때마다 떠오르는 이미지이다. 산다는 것이 무엇일까 의문의 일어날 때 나는 정희고모의 일생을 생각해 보게 된다. 이 땅의 수많은 정희고모들! 얼마나 놀랍고 안타까운 일들이 많을 것인가.

위의 진술에 드러난 것처럼 중학교 1년을 마칠 무렵 나는 외갓집을 무작정 떠나 부모가 있는 목포로 도망치듯 전학을 갔다. 그리고 50여 년 후인 지난 2월 수원중학교에서 명예졸업장을 받았다. 이를 기념하여 오래 전부터 구상해 온 시집『수원남문 언덕』을 지난 4월에 간행했다. 서문에 '이 시집은 수원시민에게 바치는 것'이라 쓴 것처럼 오십 년만의 귀향을 알리는 유년체험의 보고서이다. 표제가 된 시「수원 남문 언덕」은 네 단락으로 이루어진 40행의 긴 호흡의 시이다.

> 수원 남문 감돌던 습습한 바람이 어디선가 불어오면 / 일손을 놓고 달려와 팔달산 언덕을 오른다 / 낮은 담장과 굽은 성터에서 풍겨오는 / 흙냄새가 어머니 젖가슴처럼 마음을 열고 반긴다 / 담장 아래 토닥거리는 키 낮은 햇빛과 / 느리고 뒤끝이 흐린 수원 사람들의 말소리가 들려온다 / 외할머니 집으로 가던 골목길은 끊어졌으나 / 풍상의 세월을 열고 닫는 수원 남문은 / 오늘도 세상사를 의연하게 굽어보며 서 있다
> ―「수원 남문 언덕」제1 단락

첫 단락은 도입부이다. 시의 서두는 고향을 떠나도 쉽게 잊을 수 없는 수원 남문에 대한 기억에서 비롯된다. 남문 언덕 위에 있는 남창초등학교 시절 청소당번으로 남문의 돌계단을 청소했던 것은 지금 생각하면 소중한 추억이다. 남문 언덕의 흙냄새는 수원을 고향으로 느끼고 있는 나로서는 자연스러운 표현이다. 특히 뒤끝이 흐린 수원 사람들의 말소리는 언제 어디서나 토박이말의 향수를 불러일으킨다. 등 뒤에서 누군가 이런 말소리로 이야기하고 있으면 돌아보지 않아도 바로 알아듣는다. 아 이건 어린 시절 듣던 어머니나 이모의 말소리라는 것을 알아차린다. 토박이말의 뿌리 깊음을 실감하는 순간이 그 체험이 뿌리박고 있는 나의 문화적 정체성을 스스로를 깨닫는 순간이다. 제2단락에서는 정희고모의 추억을 되살리고 있다.

옛날 친가에서 도망 나와 숨어 살던 정희 고모가 / 은밀한 목소리로 나를 손짓하며 부르던 / 수원 지원 옆 돌담길은 사라져버렸지만 / 들꽃 같던 입술로 부르던 목소리는 아직도 / 중학생 시절의 막막한 외로움을 불러일으킨다 / 방과 후 어느 날 무심코 낡은 목조대문을 밀치자 / 빙긋하게 열린 화령전 마당 작 약꽃밭은/ 내 영혼에 아름다움을 점화시킨 최초의 불꽃들, / 소리 내어 꽃을 부른 그 목소리를 찾기 위해 / 먼 바다의 파도를 헤치며 나가야 하지 않았던가
　　　　　　　　　　　　　　　　　　　　　　　　―「수원 남문 언덕」제2 단락

　정희고모의 이야기는 오래도록 나에게 풀리지 않는 수수께끼였다. 그 의문이 어느 정도 풀린 세월이 지난 지금에도 정희고모는 아직도 다 해결되지 않는 생애 비밀을 나에게 생각하게 만든다. 수원지원 옆의 돌담길은 지워지고 없어도 화령전에서 있었던 일들은 지금도 생생하다. 앞마당 가득 타오르던 화려한 작약 꽃밭은 물론 화령전의 붉은 돌기둥 등은 먼 바다의 험난한 파도로부터 나를 지켜준 원동력이었다. 어찌 화령전 돌기둥에 내 첫사랑을 새겨놓지 않을 수 있었겠는가.

　　범람한 수원 천변에서 피라미 잡던 여름날은 / 투명하게 빛나던 유년의 카니발, 나의 문학은 / 팔달산 솔나무에 떨어진 한 점 빗방울에서 태어나 / 먼 바다로 나가는 물길을 따라 성숙했으니 / 오랜 방랑의 돛폭을 거두고 다시 고향의 언덕으로 돌아가 / 잔잔하게 시가지를 굽어보며 떠오르는 태양과 / 산 너머 저물어가는 해를 바라보리라 / 옛 기억을 떠오르게 하는 집과 거리 사라졌어도 / 오손도손 살던 사람들 의 정겨운 이야기는 / 내 영혼의 푸른 책에서 영원히 살아 숨 쉬게 하리라
　　　　　　　　　　　　　　　　　　　　　　　　―「수원 남문 언덕」제3 단락

　제3 단락은 인생의 전환이다. '팔달산 솔나무에 떨어진 한 점 빗방울'에서 나의 문학이 태어났다고 한 진술은 오랜 후의 회고를 통해 알게 된 진실이다. 어린 시절에 미처 알 수 없었던 인생의 출발짐을 알게 되었다는 점에서 수원은 나에게 매우 중요한 문학적 터전이다. 고향의 언덕으로 돌아가 떠오르는 태양과 저물어가는 해를 바라보리라고 한 것은 이제 새로 출발을 기약하는 내 문학에 대한 하나의 선언이라고 할 수 있다. 그것은 수원 사람들의 정겨운 삶의 이야기들을 영혼의 푸른 책에 기록하여 영원히 살아 숨쉬게 하려는 의지도 내포하고 있다. 아마도 내 문학의 의미가 발효되는 원초적 부분이 바로 여기에 있을지도 모른다. 마지막 4단락은 초등학교 학생들의 앳된 목소리와 모성의 근원에 대한 성찰이다.

　　지금 팔달산 언덕 남창초등학교 운동장에서 / 뛰노는 아이들의 앳된 목소리는 수원성 울타리를 박차고 / 날아올라 세상의 중심에 우뚝 서리니 / 언제나 수원 남문 언덕에서 불어오는 / 습습한 바람에는, 저물녘 / 서늘한 산기운이 불현듯 다가와 / 놀란 눈으로 검푸른 팔달산을 돌아보던 초저녁 / 신풍학교 운동장까지 마중 나와 / 작은 가슴 쓸어주며 / 다독거리던 어머

> 니의 따스한 목소리가 담겨 있다
>
> ―「수원 남문 언덕」 제4 단락

남창초등학교 운동장에서 뛰어 노는 아이들의 목소리는 언제나 나를 초등학생으로 돌아가게 만들어 준다. 그리고 그들의 희망찬 미래를 생각한다. 가끔 풀리지 않는 일이 있을 때마다 남 몰래 초등학교에 와 어린 학생들의 목소리를 들은 적이 있다. 수원의 미래는 이와 같은 어린 아이들로부터 나온다.

작은 거북처럼 검푸른 등을 움츠리고 있는 것 같은 초저녁 팔달산을 생각하면 어린 시절 나를 부르던 어머니의 목소리가 떠오른다. 신풍학교 운동장에 가득했던 어둠 속에서 맞닥트린 알 수 없는 공포를 쓸어주던 어머니의 따스함이 언제나 정겹게 묻어난다. 수원의 유년시절 그것은 내 문학의 출발점이자 모성의 원점이다.

얼마 전 우연히 남창 초등학교 졸업앨범을 보게 되었다. 그런데 놀라운 것은 앨범의 마지막 부록으로 수록된 특별활동에 내가 문예반원이 되어 흑백사진의 중앙에서 웃고 있는 모습으로 찍혀 있다는 사실이었다. 전에는 크게 주목해 보지 않고 지나치던 사진이었다. 그리고 당시 왜 그런 사진이 기록으로 남아 있게 되었는지 특별한 사연도 생각나지 않는다. 마치 내 마음 속 깊은 어떤 곳에 숨어 있던 알 수 없는 비밀을 발견한 것 같은 가벼운 흥분이 스쳐갔다. 부인할 수 없는 것은 거기에 반세기 전 초등학생 내가 엄연히 그 자리에 문학을 지망하는 한 소년의 이미지로 존재했다는 사실이다. 왜 거기에 내가 있었을까. 이 사진이 내 문학의 원점이 된다는 사실은 지금 와서 생각하면 지울 수 없는 의미를 뜻하고 있다. 어떤 미지의 세계를 향한 인연의 원점이 거기서 시작된 것이라 말할 수도 있을 것이다. 문학도 그러하지만 모든 인간은 모성의 고향으로부터 출발하여 세파를 헤치며 살아가다가 모성의 고향으로 돌아가 다시 새로 시작하고 싶은 원초적 소망을 가지고 있다는 것은 부인하기 어려운 일일 것이다. 앞으로 내가 어디까지 갈 수 있을지 모르지만 내 문학의 미래가 수원에 터를 두고 다시 펼쳐질 것이라고 생각할 때마다 내 가슴은 어린 소년처럼 설레며 숨가쁘다.

* 2014년 서수원도서관 특강에서

노벨상 시상식에서 바라본 한국

지난 12월 10일 스톡홀름에서 거행된 노벨상 시상식에 참여했다. 한국문인으로서는 처음 참여한 이 자리에서 복잡다단하게 뒤엉클어진 한국의 현실을 떠올려 보게 되었다. 먼저 강하게 부딪혀 온 것은 부의 재분배이다. 우선 자신이 축적한 부를 인류문화발전에 전액 희사한 노벨의 유언을 합리적인 절차와 운영으로 실천한 노벨상은 세계에서 가장 권위를 인정받는 상이 되었을 뿐만 아니라 모범적인 부의 분배로 스웨덴이 남유럽과 같은 재정 위기를 겪지 않는 복지국가가 되었다는 사실을 되새겨 보아야 할 것이다. 오늘의 한국사회의 가장 큰 문제는 부의 양극화 현상이며 이를 완충시켜 줄 중상층의 몰락이다. 최근 한 통계에 의하면 중산층은 점점 몰락해가고 있으며 자신의 다음 세대에도 이를 극복할 가능성이 없다고 믿는 세대가 기하급수적으로 증가한다고 한다. 이런 현상은 한국사회의 디지털적인 발전의 속도에 적응하지 못하는 계층이 느끼는 소외감을 말해 주는 것일 터이다. 그로 인한 적대감이 사회전체에 적증하고 있는데 이를 치유할 복지선진화 방법을 찾지 못하고 있는 것이다.

다음으로 생각나는 것은 자원빈국인 스웨덴이 오늘과 같은 강국이 될 수 있었던 이유는 무엇보다 창의적인 인재양성이라는 점이다. 최근 한국학생들을 가르쳐 본 외국의 석학들이 이구동성으로 지적한 것은 한국의 학생들은 수업시간에 질문을 하지 않는다는 것이다. 학생들 자체가 잠재력이 없는 것이 아니다. 진도를 위해 질문하지 않는 것이 미덕이라 여기도록 했기 때문이다. 지식 교육에 치중하는 한국의 교육에 비해 스웨덴의 교육은 기존의 지식을 전하는데 집중하는 것이 아니라 새로운 지식을 창출하기 위한 질문을 통해 학생들의 지적 성장을 유도한다는 것이다. 기존의 지식에 의존하는 것이 아니라 기존의 지식에 의문을 갖도록 하고 스스로 이를 해결해 나가는 것을 교육의 중심으로 삼는다는 것이다. 지식중심 교육은 일시적으로 빠른 성과를 거둘 수 있을지 모르지만 인류문화발전에 기여하는 창의적 발견이나 새로운 패러다임을 만들어내는데 동적인 힘을 발휘하기 어렵다는 사실은 명백하다.

마지막으로 말하고 싶은 것은 스웨덴 사람들의 정치적 싸움이다. 스웨덴 격언 중에 '잘난 척하지 말라'라는 말이 있다고 한다. 그들도 누가 잘 나가는 것을 참고 보지 못하는 질투심이 많다는 것이다. 그러나 그들은 결과가 나오는 과정에서는 온갖 싸움을 다 하지만 일단 결과가 나오고 나면 이를 수용하고 협조한다는 것이다. 한국의 경우 정치적인 문제를 막론하고 온갖 문제에 있어서 쉽게 합의하지 못한다. 또 일단 합의했다고 하더라도 자신과 의견이 다를 경우 이에 불복하고 일단 합의했다고 하더라도 끝까지 이의를 제기하는 경우가 빈발한다. 이는 기득권자들에 대한 소외집단의 분노로 발전하기도 한다. 이런 분노가 유발하는 행동들은 정의감으로 나타나며 그것이 때로는 한도를 넘어설 경우에도 정의의 이름으로 너그럽게 통용된다. 어떤 주장이 사실이냐 아니냐가 판단의 기준이 아니라 그것이 어떻게 사람들의 주목을 끌고 기존세력의 부당성을 얼마나 강력하게 비판하고 호소하느냐가 중요성을 갖는 것이다.

지금까지 말한 세 가지 요소는 서로 밀접한 상관성을 갖는다. 부의 양극화, 질문 없는 지식교육, 절차적 과정의 정당성 결여 등등은 모두 사회질서를 왜곡시키고 양극단의 충돌을 심화시키는 요인들이다. 경제적 발전만이 모든 것은 아니다. 사회 발전에 따라 다양한 욕구가 분출하고 이를 조화롭게 충족시켜야 될 필요가 발생한다. 한국사회가 한 단계 더 성숙하기 위해서는 현재의 속도주의가 아니라 균형감각을 회복하는 복지선진화를 위한 적정한 속도조절이 요구된다. 정치적 이익만을 위해 복지주의 경쟁을 한다면 한국은 내적 갈등요인의 심화로 불안정하고 위험한 성장의 엔진을 멈추고 말 것이다.

노벨상은 누가 받고 싶어 외친다고 주어지는 것은 아니다. 한국문학은 그 동안 누가 노벨상을 받는가에 이목을 집중시켜 온 것 같다. 노벨상 위원회도 우리 문학의 이런 갈증을 어느 정도 파악하고 있는 것처럼 느껴졌다. 그러나 100년 이상 이 상을 주관하면서 세계적 권위를 지켜 온 그들의 신중하고 확고한 자세를 객관적으로 바라보고 우리 자신을 끌어올릴 때 그 기회가 우리에게 주어질 것이다.

*『서울신문』, 2011년 12월 22일

세계 지성의 빛나는 축제 노벨상 시상식
— 2011년 노벨상시상식을 다녀와서

　노벨상위원회로부터 정식 초청장을 받아 호암상 위원 자격으로 스톡홀름 현지에 도착한 것은 2011년 12월 7일 자정 가까운 시간이었다. 낯선 북국의 어둠은 키 큰 전나무 숲처럼 우뚝하니 깊었다. 15시간 가까이 비행기를 타고 날아오면서 이 자리에 공식적으로 초대된 최초의 한국문인이라는 사실로 인해 갖게 되었던 약간의 긴장과 흥분은 장중하고 깊은 어둠이 진정시켜주었다. 1901년부터 시작되어 100년 이상 거행된 이 시상식은 올림픽이나 월드컵과는 다른 의미에서 세계지성의 축제로 그 명성이 높다. 해마다 노벨이 작고한 12월 10일을 전후하여 거행되는 노벨상 공식 일정은 강연, 콘서트, 전야제, 시상식, 만찬, 무도회 등 섬세하고 다양한 절차로 구성되어 있다. 그러므로 이 모든 과정에 빠짐없이 초대된다는 것은 아주 예외적인 일이라고 한다.

　스웨덴 국왕내외가 참석하는(금년은 두 사람의 불화로 왕비만 참석했지만) 노벨콘서트는 8일 저녁 7시 스톡홀름 콘서트홀에서 로얄 스톡홀름 심포니오케스트라의 연주와 테너 조셉 칼레야의 성악으로 개막되었다. 테너 칼레야는 거칠고 남성적인 장중한 목소리로 청중의 심금을 울렸다. 왕비의 기립 박수로 인해 다섯 번이나 앙코르 곡을 불러야 했던 그의 목소리가 인간의 영혼에 던진 울림으로 북국의 겨울에 갇힌 답답한 영혼들이 해방되는 것 같았다. 몇 달 전 우연히 한국에서 듣던 그의 목소리가 북국의 밤에 거친 야성의 빛을 발한다는 것은 필자에게는 새로운 발견이었다. 노르디스카 박물관에서 열린 노벨상 전야제는 수상자들과 축하객들의 자유로운 대화를 위해 마련된 자리였다. 노벨재단 이사장(Storch Marcus)과 사무총장(Lars Heikensten)을 비롯한 관계자들은 물론 세계 각국에서 초대된 석학 명사들이 격의 없이 만나 자유롭게 이야기하는 전야제는 가족적 친밀감이 넘치는 분위기 속에서 진행되었다. 특히 필자가 호암재단에서 온 것을 알고 정중하고 따뜻하게 맞아주는 그들의 환대를 접하면서 호암상의 국제적 위상을 실감할 수 있었다. 낯선 사람들과의 만남으로 인해 좌중에서 조금 물러서 있는 순간 한 동양인이 친근하게 다가왔다. 일본대사관에서 나온 직원이라고 자기를 소개했다. 아마 필자를 일본에서 온 사람으로 착각한 것 같았다. 한국에서 왔다니까 어색한 얼굴로 사라졌는데 일본이 스웨덴 일본대사관에 노벨상 전담직원을 상주시키고 있다는 사실이 놀라웠다. 일본에서 많은 노벨상 수상자를 배출(현재 문학 포함20명)한 것도 우연은 아닐 것이다.

　노벨상 메인 행사인 시상식은 10일 오후4시 30분 스톡홀름 콘서트홀에서 구스타프 국왕의 입장과 더불어 거행되었다. 국왕에게 바치는 헌가로부터 시작하여 노벨상 심사위원회가 수상자들의 공적 사항을 낭독하고 이어 국왕이 친히 메달과 상장을 수여했다. 국왕의 시상은 한 해를 마무리하는 세계적인 축제로 자리 잡은 이 행사가 거국적 차원의 중대 행사임을 내외에 과시했다. 물리, 화학, 의학, 문학, 경제학 등 다섯 부문을 시상하는 노벨상(평화상 한 부문은 노르웨이에서 시상)에서 네 번째 수상자인 문학부문 토마스 트란스트뢰메르(Tomas Tranströmer)는 휠체어를 타고 나와 상장과 메달을 받았다. 1931년 스톡홀름에서 태어나 심리상담사로 활동하는 한편 20대 초반부터 시를 쓰기 시작한 그는 50여 년 동안의 왕성한 창작활동을 통해 스웨덴의 국민시인으로 추앙받았으나 10여 년 전 뇌졸중으로 쓰러져 언어능력과 한 쪽 기동능력을 상실했다고 한다. 휠체어에서 일어설 수 없는 노시인에게 국왕은 머리 숙여 상장과 메달을 수여했다. 참석자들은 열광적인 박수를 그에게 보냈다. 자리에 돌아간 그가 잘 움직이지 않는 한 쪽 손으로 메달을 열어보려고 했으나 열지 못하자 옆에 있던 다른 수상자가 이를 거들어 주었다. 이 장면은 필자가 문학을 시작한 40여 년 전부터 마음속으로 한 번은 목격해 보고 싶어 했던 것이었다. 반신불수의 노시인이 자기도 모르게 드러낸 행동은 시상식에 참석한 다른 사람들에게 깊은 감동을 불러일으키는 것 같았다. 인간적 친화감이 시상식장을 메아리처럼 퍼져나갔다.

　시상식이 끝난 다음 자리를 옮겨 만찬은 저녁 7시 스톡홀름시청에서 베풀어졌다. 공식 행사 중에서 세인에게 가장 화제의 대상이 되는 것은 노벨상 기념 만찬이다. 귀족, 학자, 예술가, 외교사절 등 특별 초대된 1200여명의 인사들은 장방형의 높고 넓은 벽면의 붉은 벽돌을 비추는 푸른빛 조명으로 인해 북국의 환상적 분위기에 사로잡혀 붉은색 우단 의자에 앉아 국왕의 입장을 기다렸다. 차가운 바닷가재요리로부터 시작된 만찬장은 내외 귀빈들이 샴페인과 향기로운 적포도주를 서로 권하는 웃음소리와 더불어 화기애애한 분위기가 감돌기 시작했다. 노벨재단의 특별 배려로 필자는 아주 지근거리에서 국왕과 왕비가 다른 참석자들과 환담을 나누며 웃고 있는 표정을 지켜볼 수 있었다. 좌중에 동양인은 아주 드물었다. 왕비의 비서인 백작부인과 비밀 경호원 사이에 앉아 중세 유럽의 왕실 만찬에 초대받은 것 같은 고풍의 분위기가 황금빛 테를 두른 유리잔에 빛나는 것을 바라보았다.

　만찬의 분위기가 무르익을 무렵 수상소감의 순서가 시작되었는데 문학상 수상소감은 부인이 그의 시를 낭독하는 것으로 대신했다. 중년의 그가 시「1979년 삼월에(From March 1979)」에서 말한 대로 '눈 속에서 순록의 발자국을 만난 것'처럼 '언어, 말 없는 언어(Language but no words)'로 야성의 세계를 그리는 그의 마음이 넓은 장내처럼 퍼져나갔다. 낭독의 목소리는 조금 불안정하고 낮고 가늘게 떨리고 있었으나 뜨겁고 열광적인 박수소리가 말하지 못하는 그를 향해 쏟아졌다. 아직도 언어 이전의 순백의 세계를 향해 타오르고 있을 그의 영혼의 빛에 대한 찬사였을 것이다. 아마도 그는 온 몸으로 박수갈채를 들었을 것이다.

　만찬을 마무리하는 음악이 연주되고 기수단과 더불어 국왕내외가 중앙 홀의 계단을 올라 우아하고 위엄 있게 퇴장했다. 긴장의 끈을 더 이상 늦출 수 없는 마음으로 만찬의 마무리를 기다리던 사람들이 2층 '황금홀'에 도착하자 무도회가 시작되었다. 축제의 기쁨이

격렬한 음악과 더불어 환하게 펼쳐지는 순간 사람들은 나이와 신분과 국경을 초월해 하나가 되었다. 형식의 속박에서 해방된 축제의 열정이 '황금홀' 가득 피어오른 것이다. 인류문화를 이끌어 온 위대한 열정을 촉발시키는 축제의 불꽃은 인류사의 전진을 위해 결코 꺼지지 않을 것이다.

만찬에서 마신 포도주의 술기운이 가시지 않은 채 스톡홀름 시청을 빠져 나오니 구름 뒤에서 커다란 달이 거리의 어둠을 비추고 있었다. 가로등이 다 밝힐 수 없는 어둠은 바닥에 깔린 돌처럼 무거웠다. 언제나 발 딛고 있는 오늘을 생각할 때 최초의 출발점을 다시 돌이켜 본다는 것은 인지상정일 것이다. 문학을 필생의 업으로 하겠다고 결정할 무렵의 철모르던 시절을 생각해 보고 현재를 돌이켜 보게 되는 것은 자연스러운 일이었다. 우연히 전야제에서 만났던 한국의 젊은 과학영재 세 사람의 얼굴에서 한국의 미래를 보았는지도 모른다. 도전할 목표를 가진 젊음은 행복하다. 그들 앞에 가로 놓인 수많은 난관이야말로 그들에게 더 강력한 도전의 의지를 불태우게 할 것이다. 현재 국제사회에서 한국이 차지하는 국가적 위상이나 학문적 발전으로 보아 머지않아 한국에서 노벨상 수상자를 배출하게 될 것이라는 예감을 가지게 된다는 것은 당연한 일인지도 모른다. 그리고 한국을 대표하는 호암상도 머지않은 장래에 노벨상과 어깨를 나란히 하리라는 기대도 함께하지 않을 수 없었다.

*『호암 뉴스 레터』, 2012년 6월 1일

노벨문학상과 한국문학 그리고 문학이란 무엇인가

1. 한국문학의 현재와 문학의 보편성

활자문화의 급속한 퇴진과 디지털 문화의 가속화로 인해 문학의 미래는 결코 밝다고 할 수 없다. 활자가 발명되고 인쇄문화가 시작된 16세기 활자는 혁명적인 도구였으며 이를 계기로 성경의 보급을 통해 종교혁명도 가능했던 것이다. 20세기후반부터 시작된 디지털 문화는 활자문화에 근거한 문인들의 고정관념을 뒤바꿀 새로운 혁명적인 변화를 요구하고 있다. 종전에 가지고 있던 개념의 틀로는 오늘의 문화적 격변을 극복해 나갈 수 없다.

디지털 혁명과 관련하여 최근의 한국문학의 방향을 다음 몇 가지 측면에서 생각해 볼 수 있을 것이다.

하나는 디지털 시대의 시대정신은 극소지향이다. 우선 시의 경우 극소지향의 단형시가 시대정신을 대변한다. 해체시나 미래파시는 보통 장형의 산문적 서술을 바탕으로 하고 있다. 난해한 산문체시는 독자들과의 소통을 거부하거나 포기하는 것 같은 인상마저 준다. 최근 보통사람들의 나날의 삶은 대부분 스마트 폰을 통해 이루어지고 있다. 스마트 폰의 일상화로 인해 단형시의 출현은 필연적이며 동영상의 대중화로 시와 노래와 연출이 결합하는 혼종장르가 더 크게 대중의 마음을 사로잡을 것이다. 전통적인 단형시라고 하면 일본의 하이쿠나 한국의 시조 그리고 중국의 절구를 떠올릴 수 있다. 그러나 이는 우리가 살고 있는 동시대를 표현하기에는 이미 오래된 장르이다. 2013년 디지털 시대의 시대정신을 강조하며 『디지털 코드와 극서정시』(2013)에서 '극서정시'론을 전개한 바 있는 필자는 앞으로 한국현대시의 길은 시조도 하이쿠의 길도 아닌 새로운 길이어야 한다고 전망한 바 있다. 또한 스마트 폰의 대중화로 최근에 등장한 '폰 시'를 생각해 볼 수 있다. 극도로 단형의 시를 지칭하는 '폰 시'는 잘못하면 개그적 재치의 시로 전락할 위험을 가지고 있다. 서정시는 그 고유한 구조를 가지고 감동의 형식을 함축한 특별한 문학 양식이다. 양식적 구조가 견고하지 못하다면 해체시가 보여준 것처럼 파괴적 충동 이상으로 새로운 시를 탄생시키지 못하고 약화된 것처럼 결국 시간의 내구성을 견디지 못하고 일시적으로 유행은 가능하지만 지속적 생명력은 가지기 어렵다.

다음 하나는 지적할 두드러진 문화적 현상은 소설의 약화현상이다. 이미 명성을 확립한 소수의 작가의 경우는 예외가 될 수 있을지 모르지만 대부분의 작가들은 판타지나 게임의 대중화로 인해 독자들로부터 소외당할 것이다. 종전의 글쓰기 방식에 의존한 소설 양식으로는 사람들의 관심을 끌기에는 역부족이다. 최근 문학 작품의 표절 논란으로 독자들은 한국의 문학 작품으로부터 더 멀어져 갈 것이다. 일부 독자는 외국 작품을 선호하게 될지도 모른다. 소설에 담긴 경험 내용이 우리가 경험하는 일상 경험을 능가하기 어렵게 되었으며 말하기 방식에 있어서도 독자들의 호흡을 따라가기 어려워져 활자문화의 융성과 더불어 출발한 통상적인 의미에서의 근대적 소설은 독자들의 관심의 대상으로부터 소외될 것이다. 소설이라는 고유한 형식에 무엇을 어떻게 담아내느냐하는 고민을 작가 더 열심히 탐구해야 그 생명력과 호소력을 지속시킬 수 있을 것이다.

마지막 하나는 음유 시인의 대중화이다. 김광석이나 장사익을 생각하며 이 시대의 시와 노래가 나가야 할 길을 모색해 보아야 한다. 난해시의 심오함도 좋다. 그러나 대중과 소통되지 않는 난해시는 더욱 고립될 것이며 독자들은 시로부터 멀어져 갈 것이다. 난해시는 점점 더 암호통신과 같이 해독 불능의 자기도취에 빠져 스스로의 밀실에 갇히기 쉽고 독자들의 지지 기반이 없는 예술은 대중으로부터의 고립으로 인해 자멸의 길로 나가기 쉽다. 물론 이는 대중문화나 예술을 옹호하고 대중적 인기에 영합하여 그 가치를 평가해야 한다는 말은 아니다. 또한 안이한 자기 위안의 시가 좋다는 것도 아니다.

그러나 노벨상과 세계문학을 염두에 두고 생각한다면 다음과 같이 한 차원 높여 문학과 예술에 대해 생각해 보아야 할 것이다.

하나는 인류의 보편적인 문제를 심각하게 고민하고 인간 본성의 파괴나 환경문제를 심도 있게 형상화시킨 문학을 탐구해야 한다. 이는 종교적 영성의 문제와 인류의 생존의 문제와 관련이 깊다. 2015년 노벨문학상 수상자 알렉세에비치의 소설에 대해 노벨상 위원회가 '알렉세이비치의 문학은 인류의 사건사史가 아니라 인류의 감정의 역사이며 영혼의 역사'라고 요약한 것에서도 알 수 있는 것처럼 '인류문화발전에 기여'라는 노벨상의 기준을 가지고 문학과 예술에 접근해야 할 것이다. 체르노빌핵발전소 사건을 다룬『체르노빌의 목소리, 미래의 연대기』에서도 알렉세에비치가 과거를 통해 미래를 조망하고 그것을 인류의 보편적 차원으로 끌어올리는 영원한 가치 지향을 생생한 현장의 목소리로 보여주고 있다는 사실을 상기할 필요가 있다. 한국에서 수많은 작품이 6.25를 소재로 창작되었지만 아직까지 위대한 문학을 산출하지 못한 이유를 근원적으로 천착해야 한다. 이렇게 본다면 1980년 광주항쟁 또한 중요한 문학적 소재가 될 것이다.

다른 하나는 한국의 특수성을 배경으로 세계사적으로 부각되어야 할 문제는 탈북문학이다. 이상스럽게도 한국의 많은 문인들이 침묵하고 있는 이 문제는 우리만의 문제가 아니라 세계사적 문제이며 인간의 생존권 문제라는 점에서 보편적 의미를 지닌다. 북한의

핵은 남한의 안전을 위협하는 것만이 아니라 주변의 그리고 세계적인 정치적 경제적 문제이다. 정작 국민은 극도로 굶주리고 있는데 정치권력을 지키기 위해 핵을 개발하고 있는 북의 현실을 보편적 시각에서 승화시킨 문학이 세계의 주목을 받을 것이다.

북한의 참혹한 현실을 조롱하거나 정치적으로 이용하는 것이 아니라 문학적으로 형상화시킨 시와 소설을 생산해야 세계인이 공감할 수 있는 보편성에 도달할 것이다. 이는 분단이 아니라 통일 시대의 문학을 조망하는 일이 될 것이며 나아가 세계문학으로 본격적으로 진출하는 발판을 마련할 수 있을 것이다.

이제 우리에게도 노벨문학상을 주어야 하지 않겠냐는 소망을 강하게 가질수록 외국의 문인이나 예술가들에게 그것은 어쩌면 하나의 응석어린 투정으로 들릴 가능성이 많다. 공식적인 명단이 발표되지도 않는데 노벨상 후보를 자처하는 것도 외국에서 본다면 우스운 일이다. 현재의 상황이라면 문학이 아니라 자연과학 분야에서 먼저 노벨상을 수상하게 될 가능성이 크다. 노벨상이 내세운 일반적이며 보편적인 기준에서 본다면 한국의 자연과학이 그 학문적 수준에서 객관적으로 더 많이 노벨상에 근접해 있기 때문이다. 2015에도 자연과학 분야에서 두 명의 수상자를 배출한 일본이 20개 이상의 노벨상을 수상했다고 해서 이를 부러워하거나 선망할 필요는 없다. 노벨상을 위해 문학이 존재하고 노벨상을 위해 학문이 존재하는 것은 아니다. 우리는 우리의 길을 찾아야 한다. 금년도 중국의 노벨상 수상자가 16세기 중국의 전통의학에서 영감을 받아 개똥쑥에서 말라리아를 퇴치하는 물질을 개발했다는 것은 지나쳐 갈 일이 아니다. 노벨상은 우리의 문학이나 학문이 세계정상을 차지할 때 당연한 결과로 당당하게 주어지는 것이 되어야 할 것이다.(2015년 8월)

2. 한강의 『채식주의자』와 세계문학

한강의 중편집 『채식주의자』가 세계적 권위를 가진 '맨 부커 인터내셔널상' 수상작이 되었다. 한국현대문학 반세기의 숙원을 푼 역사적 쾌거이다. 지난 50년 한국문학은 풍요로운 성과를 거두었지만 국제적으로 세계적으로 공인되는 것은 쉽지 않았다. 노벨문학상을 두 번이나 수상한 일본에 비해 한국이 세계적인 문학상 수상자를 한 명도 내지 못했다는 것은 한국으로서는 심히 자존심 상하는 일이었다. 그 동안 풍문으로 들려오는 소식들이 매스컴을 장식했지만 항상 풍문으로 스쳐갔다. 언제나 세계인의 주목을 받는 최초의 관문을 뚫는다는 것은 지난한 일이다. 최근 문화적 강국으로 부상하고 있는 한국으로서는 가장 소망했던 일 중의 하나가 이루어진 것이다.

『채식주의자』는 1부 「채식주의자」, 2부 「몽고반점」, 3부 「나무 불꽃」 등의 중편이 각각 독립적이면서 유기적인 연관성을 갖고 전체의 흐름을 형성한다. 주인공 영혜를 관찰하는 남편이 화자가 되어 서술되는 1부는 아홉 살 때 자신의 다리를 문 개를 아버지가 오토바이에 묶어 달리면서 죽이는 충격적 체험에서 비롯된 악몽의 연속으로 영혜는 육식을 거부하기 시작했는데 이 행동을 이해하지 못한 남편은 처가 사람들까지 동원하여 이를 고치려 하지만 뜻을 이루지 못한다. 처형인 인혜의 집들이에서 아버지가 영혜의 입에 탕수육을 넣으려 하다가 이를 거부하는 영혜에게 폭력을 가하고 영혜는 그 자리에서 손목을 긋는다. 2부는 인혜의 남편인 비디오아티스트가 화자이다. 남편이 떠나가고 혼자 사는 영혜의 엉덩이에 몽고반점이 남아 있다는 이야기를 아내에게서 듣고 영혜의 몸에 호기심을 느낀 인혜의 남편은 영혜를 찾아가 비디오작품의 모델이 되기를 간청하고, 벌거벗은 영혜의 몸에 꽃을 페인팅하고 비디오를 찍지만, 여기에 머무르지 않고 스스로도 바디페인팅을 하고 끝내 육체적 교접까지 하는 식물적이고 몽환적 에로티시즘을 보여준다. 3부는 영혜와 육체적 교접이 발각된 후 사라진 남편 대신 생계는 물론 병수발까지 해야 하는 인혜를 중심으로 전개된다. 정신병원에 입원한 영혜는 식음을 전폐하고, 링거조차 거부하여 나뭇가지처럼 말라간다. 마침내 영혜는 병원을 찾아 온 인혜에게 이제 곧 나무가 될 거라고 말한다. 단순히 말하면 이 소설은 외부의 폭력에 대해 극단적으로 저항하다가 나무가 되어 죽어가는 한 여성의 이야기이다.

그러나 인간의 육체성과 동물적 폭력성에 대한 주인공의 거부는 궁극적으로는 인간 존재에 대한 탐구로 해석된다. 인간이란 무엇인가에 대한 끈질긴 질문이 없다면 이 소설은 하나의 엽기적인 사건의 기록으로 전락했을 것이다. 어둠 속에서 빛을 찾아 나아가듯 공들여 서술된 시적 문장은 속삭이듯 독자에게 다가와 그들로 하여금 마치 자신이 사건 속의 주인공이 되는 것 같은 착각을 불러일으킨다고 할 만큼 전율적 아름다움을 발한다. 외국의 독자나 비평가들은 이 기묘한 아름다움을 높이 평가했을 것이다. 세계적인 수준에 도달하기 위해서는 단순히 소재의 충격성뿐만 아니라 주제의 보편성 획득까지 나아가야 하는 것인데 자신이 던진 질문을 끝까지 추구하여 인간의 동물적 탐욕과 그 폭력성의 근원을 형상화한 것이 한강의 소설이다.

현재 한국문단에는 한강에 못지않은 수준의 작가들이 적지 않다. 관건은 특수한 소재를 어떻게 보편적 공감의 수준으로 끌어 올리느냐에 있다. 세계문학의 첫 관문이 우리에게 활짝 열렸다. 앞으로 세계적인 문학상 수상자가 뒤이어 나올 것이 분명하다. 지난해 표절 시비로 최악의 시련을 겪은 한국문학은 부커상을 계기로 상승세를 타고 세계적 문학상의 문을 힘차게 두드릴 것이다. 한국의 작가들도 좁은 울타리 안에서의 문학을 벗어나 당당하게 넓고 큰 세상으로 나가야 한다. 뛰어난 번역가의 양성, 그리고 세계 시장의 개척 등의 난제가 가로 놓여 있기는 하지만 무엇보다 중요한 것은 목숨을 건 작가적 탐구일 것이다. 대중적 상업주의를 넘어서는 치열한 문제의식을 가지고 문학의 근원적인 힘을 되살려 미래의 문학에 헌신하는 작가만이 세계적 명성과 보상을 함께 얻을 것이다. 소설의 죽음이 아니라 소설의 부활을 예감한다는 것은 우리들에게 얼마나 기쁜 소식인가.(『세계일보』, 2016년 5월 22일)

3. 가오싱 젠의 『영혼의 산』과 민족문화의 풍속지

2016년 밥 딜런이 노벨문학상 수상자로 지명되자 많은 사람들은 놀라움을 금치 못했다. 대중가수가 문학상을 수상하는 것도 이상하지만 전통과 권위를 자랑하는 노벨문학상을 수상한다는 것은 예외적인 결과라고 생각했던 것이다. 그리고 전통적인 의미에서 문학 특히 소설의 시대는 종언을 고한 것이 아닌가 하는 전망도 대두되었다. 사실 2015년 벨라루스의 작가 알렉세에비치의 작품도 통상적인 의미에서의 소설이 아니라 르포나 대담 문학이라고 해야 할 것이다. 노벨상 위원회가 '알렉세에비치의 문학은 인류의 사건사史가 아니라 인류의 감정의 역사이며 영혼의 역사'라고 요약한 바 있지만 이는 문학예술에 대한 고정적인 관념을 넘어서서 시대변화를 수용하여 독자적으로 판단한 결과라 해도 무방할 것이다.

기존의 장르 개념으로 생각하여 이를 부정적으로 보기보다는 '인류문화발전에 기여'라는 노벨상의 기준을 가지고 문학과 예술의 해체 현상에 주목할 필요가 있다는 것이다. 체르노빌핵발전소 사건을 다룬 『체르노빌의 목소리, 미래의 연대기』에서도 알렉세에비치가 과거를 통해 미래를 조망하고 그것을 인류의 보편적 차원에서 영원한 가치 지향을 생생한 현장의 목소리로 전해주고 있다는 사실에 주목해야 할 것이다. 노벨상 위원회의 이런 진취적 판단은 사실 희곡작가이기도 한 가오싱센이 2000년 『영혼의 산』으로 노벨상을 수상했을 때 이미 시작되었다. 『영혼의 산』은 서구의 전통적 개념에서 볼 때 소설이 아니라고 할 수 있다. 오히려 『영혼의 산』은 소설이란 무엇인가 하는 의문을 던지면서 전개되고 있는 새로운 형태의 소설이다. 우선 서술 방식에 있어서 나와 당신과 그녀가 등장하여 세 사람의 화자를 내세워 작품을 전개하고 있는데 이는 일반적인 소설의 구성과는 다른 희곡적 구성형태라고 할 수 있다. 가오싱젠은 이것이 중국의 전통적인 이야기체에서 빌려왔다고 말하지만 서구의 소설 방식에 익숙한 독자들은 희곡적 구성과 유사한 이게 무슨 소설인가 하는 의문을 던질 수도 있을 것이다.

1983년 사무엘 베케트를 연상시키는 실험극 〈정거장〉이 공연금지처분을 받은 후 가오싱젠은 베이징을 떠나 양자강 유역과 서부 지역을 여행하면서 옛 노래와 도교의 샤머니즘적 유산을 채집하면서 『영혼의 산』을 구상했다고 한다. 1989년 탈고된 이 작품은 1990년 중국어로 발표되었으며 가오싱젠은 중국출신 최초의 노벨상수상자가 되었다. 그러나 그를 반체제인사로 규정한 중국당국에서는 공식적으로 이를 부정하고 가오싱젠은 중국의 작가가 아니라고 성명을 발표했다.

『영혼의 산』은 아무도 들어주지 않는 노래를 부르면 죽어가는 늙은 가인의 울부짖음을 통해 이 작품이 추구하는 바가 무엇인지를 웅변으로 말해준다.

"영혼을 숭배하는 곳이 아직도 있는가? 단정하게 앉거나 혹은 심지어 엎드려 귀 기울여 듣는 노래를 이제 어디서 찾을 것인가? 숭배 받아 마땅한 것을 이제 더 이상 숭배하지 않고 이상한 것들만 숭배하는 세태가 한심스럽구나! 영혼의 없는 민족! 자신의 영혼을 상실한 민족!"

　이 울부짖음은 한편으로는 중국의 전통을 부정하는 통곡 소리로 들리지만 다른 한편에서는 중화민족의 영혼을 찾겠다는 강렬한 의지의 표명이기도 하다. 모택동毛澤東에 의해 촉발된 1966년의 문화대혁명으로 파괴된 중국의 전통을 찾아야 한다는 언급은 작품의 도처에서 발견된다. 이런 의도적인 발언들은 1976년에 이어 1989년의 천안문天安門 사건이 발생하는 역사의 격동기를 살면서 자신의 자유로운 작품 활동이나 희곡을 공연을 금지시킨 당국에 대한 항의의 발로이기도 하다. 권력의 힘을 빌려 민중을 윤리 교화하는 중국의 역사가 아니라 유교적 윤리교화가 미치지 않는 산간벽지를 찾아 인간 본래의 숨결과 문화의 근원을 찾으려는 것이다. 『영혼의 산』은 작품의 주인공을 영혼의 순례자로 내세워 오지를 방문하고 노래를 채집하고 샤머니즘 문화를 발굴하는데 혼신의 힘을 기울인다.

　먼저 눈에 두드러지는 것은 형식상의 특징이지만 이에 대해 언급하는 것보다 이 작품이 가지는 두 개의 중심축을 논하는 것이 이 작품의 구조를 더 잘 이해하는 방법이라고 필자는 생각한다. 하나는 중국의 성인으로 추앙되는 우임금에 대한 작가의 부정적 시선이고 다른 하나는 근대 중국의 대작가 노신에 대한 비판적 시선이다. 이 두 가지 시선이 이 작품을 떠받치는 두 개의 기둥이라고 생각하는 이유는 하나는 중국 역사 전체를 비판하는 도전적 발상이라는 점에서 다른 하나는 작가로서 자신이 지향하는 방향성을 말해 주는 부분이라는 점에서 주목하지 않을 수 없기 때문이다. 팬더 곰이 서식하는 쓰촨 일대의 강족의 신화. 전설을 통해 우禹임금이 강족의 후예였다는 것을 강조하고 있는 작가의 안목은 전통적 시각에서 본다면 충격적이다. 기원전 21세기 고중이 기능한 첫 왕조의 시조였으며 중화민족의 성군으로 신격화된 우임금이 "우는 그의 아내의 눈으로 볼 때는 한 마리의 곰이었고 나 같은 소설가에게는 자신의 의지를 관철시키기 위해 다른 인간을 죽인 최초의 인간에 불과하다."고 삭가는 기술하고 있나. 『촉본기蜀本記』와 『산해경山海經』을 빌어 우임금 전설의 허구성을 파헤치고 있는 작가의 발언은 중국의 역사와 문화의 정통성에 대한 정면의 도전이라는 점에서 충격적이다. 어쩌면 이는 모택동에 대한 우회적 비판이 아니가 하는 생각도 든다. 아니 모택동만이 아니라 중국의 권력자들에 대한 강력한 항의의 표현이 아닌가한다.

　중국근대문학을 대표하는 문호 노신(魯迅, 1881-1936)의 문학에 대해서도 작가는 비판적이다. "나는 헌원軒轅을 위해 내 피를 쏟는다."라는 노신의 말을 인용하면서 자신이 이 말을 대학 때부터 외어 왔는데 '과연 무엇 때문에 조상의 영광을 위해 자신의 피를 흘려야 하는가?'라며 작가는 이에 대해 근원적인 의문을 제기한다. 헌원은 전설에 따르면 중국 최초의 황제였다고 한다. 하나밖에 없는 소중한 목숨을 왜 조상을 위해 내놓아야 하는가라는 명제는 국가를 위해 왜 개인의 자유를 희생해야 하는가라는 원론적인 문제 제기인 동시에 작가의 개인주의적 성향을 말해주는 것이기도 하다. 이는 다른 말로 하면 권력자들은 자신의 통치 권력을 강화하기 위해 개인의 희생을 강요할 때 항상 이와 같은 명분을 내세웠을 것이다. 여기서 간과할 수 없는 것은 작가가 문학을 하는 것도 바로 이와 같은 이유가 아닐까 하는 의문을 제기한다는 점이다. 숨어 지내거나 도망 다니며 일생을 산 노신에게 안전한 곳이 있었을까. 아마 그가 외국 조계지에 몸을 피하지 않았다면 그는 병사하거나 살해당했을 것이라 추정하는 작가의 발언에는 문학적 소신을 지키기 위해 그만큼 위협을 느끼면서 살고 있는 자신의 처지를 말하는 것일 수도 있다.

영혼의 산을 순례하는 작가의 도정은 인간의 본래 진면목을 찾기 위한 노력이다. 그런데 그 본래의 진면목이 무엇인가에 대해 작가는 확언을 하지는 않는다. 영혼의 흔적 또는 인간들이 살았던 최초의 원시림이나 자연 상태를 찾아가고 그 속에서 살고 있는 사람들을 만나 그들이 부르는 노래를 듣고 그들의 풍속을 통해 삶 그 자체에 핍진해 들어가는 것 이상으로 인간의 진면목을 확인하기는 어렵다. 그가 도달할 수 있는 최상의 상태는 가장 평정심을 느끼는 순간일 것이다. 이 작품은 마지막을 다음과 같이 마무리하고 있다.

"주위의 온 세상이 고요하다. 가만히 눈이 내리고 있다. 나는 그 고요에 놀란다. 천국의 고요다.
기쁨도 없다. 기쁨은 슬픔과 상대적으로만 존재한다.
눈이 내리고 있다.
이 순간 나는 내 몸이 어디에 있는지 모른다. 이 천국 같은 땅덩어리가 어디서 생겨났는지 모른다. 나는 사위를 둘러본다.
나는 아무 것도 모르면서 무엇이나 안다고 생각하고 있는지도 모른다."

정말 아무 것도 이해하지 못한다면 어쩔 것인가라는 의문을 던지면서 완결을 거부하는 것으로 작품을 마무리하는 작가의 이러한 질문을 통해서 우리는 무엇을 안다고 하고 무엇을 명령하고 무엇을 윤리교화하려고 한다는 것이 얼마나 위험한 것인가를 지적하는 발언이라고 할 수 있을 것이다. 이는 일당독제의 지배 권력에 대한 우회적 비판이기도 하다.

『영혼의 산』은 한 마디로 하자면 중국을 지배하는 한족의 역사가 아니라 양자강 남부 소수민족의 풍속지이며 영혼의 역사를 탐구한 작품이다. 지배하고 군림한 자들의 역사가 아니라 외각이나 변방에서 수 천 년 살다 간 이름 없는 인간들의 누적된 경험의 역사다. 그것은 자연스러운 삶의 역사이며 이념으로 각색된 역사가 아니다. 결국 다시 돌아가 보면 역사란 무엇인가 하는 의문으로부터 시작하여 인간의 삶이란 무엇인가라는 문제로 귀결되는 거대한 서사가 바로 『영혼의 산』이란 작품의 중심적 주제이다.

문화대혁명 시절 사상 재교육의 피해자이기도 한 작가의 경험으로부터 발원하여 중국을 지배하는 한족 중심의 유교적 교화사상의 벽을 넘어서서 소설이란 무엇이며 인간의 삶이란 무엇인가에 대한 근원을 탐구한 것이 『영혼의 산』이다. 그것은 서구적 의미에서 완결된 소설을 지향한 것이 아니라 파편적인 형태로 채록된 삶의 역사를 종합한 소수민족의 문화적 풍속지라고도 할 수 있다. 그 독특한 특징을 살리기 위해 작가는 유려한 문체로 서술의 주체를 교체시키면서 동시에 각지에서 채록한 흥미로운 이야기들을 중간 중간에 배치하여 독자들의 소설적 흥미와 긴장을 유도하면서 전체를 엮어나가고 있다. 그런 점에서 기존소설 문법을 일탈한 새로운 서술 방식의 소설이라고 말할 수 있다. 20세기 초반 일본제국주의의 침략을 극복하고 중국의 국권을 되찾아야 하는 시대의 소설가 노신으로부터 20세기 후반 문화대혁명을 내세워 전통을 파괴하고 영혼을 상실한 중국공산당의 일당독재권력에 저항하는 시대의 소설가 가오싱젠 사이의 거리가 바로 두 작가가 갖는 시대적 역사적 차이를 말해 주는 것인지도 모르겠다.

4. 문학이란 지금의 우리에게 무엇인가

문학이란 무엇인가 하는 질문은 이제 새롭지 않다. 기존 문학의 틀은 무너지기 시작했으며 기존 문학에 대한 독자들 또한 크게 감소하고 있다. 디지털 시대가 갖는 주요한 특징 중의 하나가 활자문화의 대중적 영향력은 약화되고 영상과 이미지 문화가 대중을 압도하고 있다는 것이다.

최근 선정된 노벨문학상 수상작에서 발견되는 흥미로운 공통점이 바로 여기에 있다. 21세기 초 노벨문학상 선정위원들이 『영혼의 산』을 수상작으로 선정했을 때 이미 문학이라는 고정된 틀은 깨어지기 시작했고 이런 판단이 기록문학작가 알레세이비치는 물론 대중가수 밥 딜런까지 이어지고 있다는 사실을 우리는 간과할 수 없다. 노벨문학상을 결정하는 중요한 판단 기준의 하나가 고정관념을 넘어서는 데 있다는 사실을 간과하고 만다면 우리 자신이 기존의 활자문화의 틀에 사로잡힌 인간이 되고 말 것이다.

여기서 우리는 문학의 다양성과 인류 보편성이라는 측면을 깊이 생각해 보아야 한다. '알렉세이비치의 문학은 인류의 사건사史가 아니라 인류의 감정의 역사이며 영혼의 역사'라고 요약한 선정위원회의 발표는 다각적으로 해석해 보아야 한다. 밥 딜런의 노래가 '귀로 듣는 서정시'라는 노벨문학상상 위원회의 평가도 의미 있게 주목해야 대목이다.

노벨상이 모든 문학적 가치를 판단하는 절대적인 기준은 아니다. 정치적인 판단이 때로는 작용한다는 설도 있다. 그러나 한 번쯤은 참고하고 되새겨 보아야 할 의미가 있는 것도 부정하기 어렵다. 우리가 살고 있는 시대는 디지털 시대에서 인공 지능의 시대로 흐름이 급변하고 있다. 인간과 기계가 공존하며 살아야 하는 시대가 펼쳐지고 있는데 과연 문학이란 인간에게 무엇인가라는 질문을 우리가 먼저 던져 보아야 하는 것은 당연한 일이다. 그렇다고 하더라도 기존의 문학이 완전히 사라지거나 의미 자체를 상실하는 것은 아니다.

위에서 필자가 지적한 것은 인류가 지금까지 축적한 위대한 문학의 전통 위에서 종전과는 다른 문학, 종전과는 다른 형태의 작품이 영혼의 역사를 새롭게 표현하기 위해 불현듯 나타날 것이라는 사실을 강조한 것에 지나지 않는다. 지금 우리에게 문학이란 무엇인가 하는 질문은 가오싱 젠이 소설이란 무엇인가 하는 문제로 고민했던 것이나 밥 딜런이 수상 소감에서 문학이란 무엇인가라는 의문을 반복적으로 던지던 것과 다른 질문이 아니다. 새로운 문학의 탄생은 언제나 이와 같이 문학과 인간에 대한 근원적인 고민과 함께 자신의 존재를 드러낸다는 것 이상의 확실한 답은 없다.

* 2017년 9월 수원 「노벨문학상과 한국문학」 특강에서

최동호 시 비평 소묘

*

최동호 형!

참으로 신기하게도 나는 형의 시집 원고를 넘겨보면서, 바로 정지용의 자연시에 대한 형의 해석을 떠올립니다. 정지용에 대한 형의 해석을 그대로 따르면서 나는 형의 시를 읽었고, 어느덧 정지용의 자연시법보다 더욱 철저하게 자신을 감추고자 하는 형의 시의 특성을 나름대로 가늠하게 되었던 것입니다. 하지만 이에 대한 나의 생각은 어처구니없는 상상의 비약일 수도 있기 때문에, 나는 보름을 넘기는 동안 몇 번이고 형의 시를 〈형 자신의 시〉로 읽고자 했습니다. 형이 설명한 산수화의 필법과 정지용에 대한 생각에서 빨리 벗어나고자 했기 때문입니다.

(……)삶의 현실 한복판에서 형의 시가 보여주는 심정의 동요를 생각하면서, 나는 다시 정지용을 생각했고, 정지용의 시법에 따라 균제의 미학을 실현했던 조지훈을 생각했습니다. 조지훈은 균제의 미학과 역사의식의 결합을 꾀하다가 시를 놓고 말았습니다만 형의 경우 절제의 시법 속에서 〈일상성〉을 끌어들이려는 어려운 작업에도 손대고 있음을 알게 된 것입니다. 첫 시집을 내면서 형은 이미 우리 현대시의 한 자락을 붙잡고 끈질긴 씨름을 하고 있다는 생각도 하게 되었습니다.

권영민(문학평론가, 서울대 교수), 「진정한 〈숨김〉의 의미를 찾아」, 시집 『아침책상』(민음사, 1989)

*

  최동호가 이번 시집에서 겨냥하고 있는 것은 대상에의 몰입을 통한 대상 관상觀想과 이를 통한 윤리적 자기 정화라고 할 수 있다. 이러한 윤리적 자기 정화는 정신의 평정과 고요에 이르는 길이다. 그것은 쉽지 않고 지속성의 유지가 극히 어려운 길이다. '어둡고 차가운 길에서 산정을 우러러 보며/ 나는 지상의 길을 찾아 힘차게 살고 싶었다'는 결의는 세속도시의 인의 구도적 난경을 새삼 되새기게 한다.
  (……)
  선종 쪽에서는 석가모니가 새벽녘에 샛별이 솟는 것을 목도하고 홀연 오도했다고 말한다. 경전 공부나 엄격한 계율준수보다도 순간적인 직관을 통한 깨달음을 설파하는 입장에서 빚어진 아름다운 삽화이다. 인간 지성의 역할은 축소되고 전인적 경험을 중요시하는 것이다. 이러한 통찰 경험은 시간에서 짧고 방향에서 전인적이며 결과에서 항구적이다. 따라서 통찰 경험은 짤막한 시행에서 번갯불처럼 번쩍하는 순간을 갖는다, (……)
  최동호의 시편은 세속 도시 주민의 부서지고 마모되는 일상 순간을 초월의 정념으로 비끄러매어 항상恒常의 순간으로 돌리려는 노력의 소산이다. 짤막한 시행에서 그 노력은 범상 속의 섬광으로 비친다. 그러나 그 지속은 순간적이다. 앞으로 그의 과제는 이 순간과 항상 사이의 낙차를 어떻게 조정하느냐 하는 것이라 요약할 수 있다.
  유종호(문학평론가, 연세대특임교수), 「명상과 정화」, 시집 『딱따구리는 어디에 숨어 있는가』 (민음사, 1995)

*

'달마는 왜 동쪽으로 왔는가'라는 부제가 붙은 이 연작시는 최동호 시 세계의 주요 특징을 잘 보여준다. 한마디로 그것은 순정한 정신세계에 대한 갈망이며 허적의 세계에 대한 본원적 동경이라 할 수 있다. 어린아이와 함께 산에 오르는 시적 사건 자체가 무욕의 반영이며 순정한 정신세계 지향의 한 상징이다. '종종거리는 발목, 작은 솔나무, 상기된 우리 집 아이, 작은 어린아이의 손'의 연상체계는 말 그대로 때 묻지 않은 청정심 또는 허심의 표현으로 해석되기 때문이다.

이와 아울러 '가을 산의 향기, 바윗돌을 껴안고 있는 등성이의 나무뿌리, 나무뿌리의 연약한 힘으로 바윗돌은 깨어져 나가고, 부드러운 흙의 향기로움에는 빗방울이 다져 놓은 정갈한 고요'와 같이 나무와 바윗돌, 나무뿌리와 흙, 그리고 빗방울과 고요 등의 대조적인 이미저리〔心像〕들이 서로 부딪치며 일구어내는 생명의 향기와 조응이 샘물처럼 솟아나고 있다.

김재홍(문학평론가, 경희대 교수), 제1회 현대불교문학상, 심사평(1996년 5월)

*

　20대엔 누구나 시인이었다고 말하는 것은 최동호에겐 결정적인 의미를 갖지 못한다. 그는 20대에 시를 썼고 시집을 냈다. 그리고 시론과 비평의 영역에 자신의 문학적 역량을 집중시키다가 13년이 지난 뒤 두 번째 시집을 내게 된다. 비평가로서의 그의 무게 있는 활동 때문에 그의 처녀시집은 젊은 날의 아주 짧은 사랑처럼 잊혀진 마음의 섬광이기 쉬웠다. 그러나 그에게 처녀시집이란 지울 수 없는 시의 얼룩이었을 것이며, 그의 비평조차 궁극적으로는 '시적인 것'을 향해 나아가고 있었다고 할 수 있다. 그는 자신의 20대를 넘어 계속해서 시인이고자 했던 것이다. 처녀시집이란 이렇게 한 시인의 문학적 원적原籍으로 남아 있었다.(……)
　이 처녀시집에는 물론 처녀시집다운 미학적 미성숙과 시적 인식의 관념성이 드러나 있으며, 일관된 미학적 합리성이 관철되어 있다고 말하기도 어렵다. 하지만 그곳에는 아직 전모와 배후를 알 수 없는 세계의 혼돈 앞에 맞서 자기 존재를 쇄신하려는 젊은 영혼의 투지가 아로 새겨져 있다. 그 투지는 그 자체로 시적인 것의 한 운동방식이기도 하다. 우리는 그 투지가 동양정신의 넓은 지평과 조우하는 광경을 시인의 계속되는 시 작업을 통해 목격할 수 있었다.
　이광호(문학평론가, 서울예술대 교수), 「미완의 정신주의」, 『황사바람』(문학동네, 1997), 1976년 초판 재간행.

*

  어스름 녘부터 새벽까지 시인은 공터를 응시하고 있었던 것인데, 그는 도대체 왜 그런 무위한 일을 하고 있었단 말인가. 혹시 이 「공놀이하는 달마」 시편은 알레고리로 읽어야 하지 않을까하는 생각도 해본다. 공터며 공놀이며 아이들이며 개며 하는 것들이 전부 그 자체로만 읽힌다면 그 시편은 오히려 기묘한 분위기를 가진 해독하기 어려운 물상이 되어 버린다. 그러나 여기서 나는 이 시편을 그렇게 읽고 싶지 않다. 나는 이 공터와 공과 아이들과 개를 세속적 공간을 구성하는 자연스러운 존재들로 읽고 싶다. 시인은 그들과 절연된 공간에서 그 세계를 바라다보고 있다. 공을 둘러싼 하룻밤의 '드라마'가 시작되고 끝난 곳에 시인은 없다. 대신에 시인은 그 '드라마'의 의미를 생각하고 있는 것이다. 무엇이 서쪽으로만 가지 않고 동쪽에 머무르는 길인가, 하고 말이다.
  방민호(문학평론가, 서울대 교수), 『현대시』(2002년 12월)

*

 선禪의 요체는 현묘불가사의하여 전제불기全提不起라 한다. 그래서 선장禪匠들은 선을 어떤 논리로 설명하지 않는다. 그들에게는 불범봉망不犯鋒鋩의 기용機用이 있다. 필요에 따라 양구良久하고, 불권방할拂捲棒喝하고 때로는 가불매조呵佛罵祖도 주저치 않는다. 그러한 기용 속에 공겁기전空劫己前의 면목이, 소식이. 거양擧揚이, 화두가, 법어가 송頌이 있다.

 최동호 시인은 선장들과는 다른 방법으로 선의 세계를 잘 보여주고 있다. 그의 시는 전기독로全機獨露한 해탈의 모습을 나타내고 있다. 석가세존이 꽃 한 송이를 들어 보이는 것 같다.

 설악산인 무산(설악산 신흥사회주), 『공놀이 하는 달마』(민음사, 2002)

*

　달마가 동쪽으로 왔듯이 최동호 또한 동쪽으로 갔다. 달마가 인도에서 중국으로 와 寒山을 낳고 멈춘 후 14세기 후에 오늘 그 寒山으로부터 바쇼까지 최동호가 걸어간 길이며 그 길이 바로 선禪의 자취이다. 달마의 뜻이 寒山을 거쳐 바쇼에 이르러 사리처럼 응결된 꽃으로 피어난 것, 그리고 이 꽃을 향한 등정이 최동호의 시이다.
　이성선(시인), 『공놀이 하는 달마』(민음사, 2002)

*

　최동호 시인의 시는 검박儉朴하고 깊다. 아마 이 시에서 극도로 미세하고 고요한 〈모래알 속으로 숨듯이〉라는 밀집된 이미지가 빠졌다면 시인이 의도하고자 했던 〈갇힌 산사〉의 평온하리만큼 고요한 대적감大寂感이 상실되었을 것이다. 나는 서정시의 본류라 할 그의 이런 시를 좋아했다. 이번에 읽은 「벌레」에서도 그의 시의 특질이 잘 나타난다. 과감하게 생략해버린 이미지의 간명성이라 할까. 그러나 그 생략은 시의 깊이에 봉사한다. 형태는 선시처럼 언어의 극소화를 지향하지만 의미는 시의 수면 밑에서 극대화를 꾀하고 있다.
　조정권(시인), 『공놀이 하는 달마』(민음사, 2002)

　최동호 시를 대하는 나는 지난날 사색과 몽상을 지나 존재의 사실성으로 안내되는 느낌을 받곤 한다. 더 멀고 더 깊은 근원의 세계에 도달하고자 하는 소리와 정적의 세계, 이를테면 그 존재의 세계에 도달하려는 자의 고요의 느낌 같은 것이다. 최동호의 네 번째 시집 『공놀이하는 달마』(민음사 2002)는 오랜 시간들을 지나와 이제는 인생의 부드러운 시간 덩어리를 만지며 존재를 넘겨다보고자 하는 성찰자의 시선을 담고 있다. 시인은 '새벽녘 원고지 위의 그림자 지우고 가는 적막한 바람소리'(「한 고독한 스승에게」)를 듣는다거나 '해마다 찾아왔다가/여위어 돌아간 겨울빛의 외로운 흔적'(「원숭이 잔등에서 물기가 반짝일 때」)을 찾는다거나 '산들바람과 함께/황금 햇살 펼치는 빗자루길 산보를' 하기도 한다. 졸면서 마당을 쓰는 동자승이나 미소짓는 부처님, 아기 걸음마 같은 세상의 햇살을 보면서 시인은 존재의 끝자락에서 느끼는 생명의 아름다움과 마음의 평정 끝에 얻게 되는 고요를 생각한다. 즉 최동호 시인은 우리에게 순수 현상학의 한 문서를 제공하고 있다. 「가을하늘 움켜쥔 물방울」, 「바쇼암의 물살얼음」, 「호도 속 마음의 우주」와 같은 시 제목에서도 나타나듯 시인은 사물의 내면에 깃든 현상학적 순수성을 통해 문득 덧없는 세상의 변방 위에 우리를 서게 한다. 시인은 한편의 운문으로 내적인 인간 진리의 단면을 순간적으로 돌연히 출현시킨다는 점에서 한 명의 형이상학자와 비교될 만하다.
　김용희(문학평론가, 평택대 교수), 「어둠 속 벌레 하나, 그 둥근 침묵의 발성법」, 『한국문학평론』, 2002년 가을호

*

 구하고 얻으려는 세속의 욕망은 그 자체가 비루하다. 불법佛法을 얻기 위해 헤매는 구도는 그 자체가 헛되다. 때문에 구도자들은 고통스럽다. 하지만 시로써 행해지는 치열한 수행은 비루하지 않다. 시는 세속의 비루함과 고통을 관통하여 세속을 초월한다. 그리하여 귀신과 같은 유현幽玄함과 자연과 같은 활원豁遠함의 경지에 이를 수 있다. 『공놀이하는 달마』는 스스로 이 과정을 증명한다. 혹자는 그 순간을 '깨달음'이라 하고, 혹자는 '정신적 탈속과 참다운 자기 찾기', '정신주의의 시적 구현'이라고 하였다. 귀신 세계인양 그윽하여 알 수 없고, 온 세상을 쥐락펴락하듯 활원한 그의 시편은 '생명生命'과 대적大寂으로 완결된다. 세상의 목숨부치들에게 생명보다 더한 불법佛法이 있을 것인가. 생명이라는 진부한 진리 앞에 달마는 세상의 온갖 모습으로 다가온다.
 이상숙(문학평론가, 가천대 교수), 「생명生命의 불법佛法」, 『다층』, 2002년 가을호

*

　이로써 나는 다시 『공놀이하는 달마』로 되돌아온다. 다소 긴 사설을 통해 내가 말하고 싶었던 것은, 『공놀이하는 달마』가 비평가적 안목 아래 형성된, 시인의 시집이라는 점이다. 일찍이 그는 한국시가 극복해야 할 네 가지 측면을 세속성, 주관성, 정체성, 해체성에 놓고 정신주의의 시적 전통을 불교적 현실참여, 유교적·저항적 절사의식, 노장적·은둔적 초월주의, 기독교적 정신주의, 현실 비판적 서정주의와 모더니즘적 서정주의, 토착적 서정주의 등의 여섯 갈래로 계열화한 바 있다.

　이때 한용운에서 조지훈으로 이어지는 현실참여와 신석정 및 김달진 등으로 대변되는 초월주의가 모두 불교에 이어지는 사상적 연원을 두고 있음은 주지의 사실인데, 그와 마찬가지로 『공놀이하는 달마』의 달마란 중국에서 한반도를 거쳐 일본에 이르는 동양적 선불교禪佛敎 전통을 가리키는 대명사가 아니던가. 즉 『공놀이하는 달마』는 시인 자신의 각별한 불교적 전통의식의 소산이다. 엘리엇이 말했듯이 전통이란 물려받는 것이 아니라 애써 찾아내는 것이고, 또 시인은 그 자신의 재능 때문에 위대해지는 법이 없으며 오히려 그가 획득한 전통에 자기를 귀속시킴으로써 훌륭해지는 것이라면, 『공놀이하는 달마』는 바로 그와 같은 고전적인 주제설정 위에 수립된 세계라고 할 수 있을 것이다.

　방민호(문학평론가, 서울대 교수), 「순수 위에 구축된 동양적 정신주의」, 『서정시학』, 2002년 가을호

*

　최동호 시인의 새 시집 공놀이하는 달마에서 나는 바하를 먼저 연상한다. 불립문자不立文字 견성성불見性成佛이라 하는데 시인은 무엇을, 어떻게 노래하려 하는가. 예술은 감성이다. 문학도 예외일 수가 없다. 시는 감성을 바탕으로 하여 상상력과 허구를 펼친다. 불교에서 깨달음에 이르는 길은 감성을 배제하여야 한다. 감성은 육식六識이요 오온五蘊과 직결된다. 감성을 부인하는 것이 아니라 감성에 얽매이면 안 된다. 그러나 시인은 이러한 한계와 구속에도 불구하고 한 걸음 더 나간다. 인간의 인식으로 떼가 잔뜩 묻은 언어를 통하여 무엇인가 표현하려 한다. 시는 감성이요 시의 표현 수단은 언어다. 그리고 시인은 진영眞如와 해탈解脫 그리고 선禪에 이르는 길을 찾으며 구도자로서 노래를 하고 있다. 과연 그것이 가능할까. '달마는 왜 동쪽으로 왔는가' 하고 70여 편의 시에 부제를 달고 끊임없이 질문을 한다. 앞서 바하를 비유하자면 악보는 진여의 겉모습이다. 진여라는 음은 실제 본 모습을 감추고 있다. 아니 세속의 중생들이 알 수도 없다. 꼭 그럴까. 틀림없이 진여는 여러 가지 모습으로 형상을 드러내고 있을 것이다. 단지 당신만이 현재 그 진정한 모습을 못보고 있을 따름이다.

　악보가 악보로서만 그리고 진여가 진여로서만 존재해서는 안 된다. 진여가 무엇인가 묻고 대답하며 악보는 악기로 연주되어야 한다. 악보는 음으로 나타나서 공간에 파동을 일으키고 그 음을 들으려 하는 자에게 도달되어야 한다. 그 연주가 과연 올바른 연주인가, 그리고 연주된 음이 진정한 본래의 음인가는 나중의 문제다. 연주하는 악기는 다양할 수 있다. 최동호 시인은 나름대로 한 악기를 선택했다. 그 악기는 시라는 언어와 형식이다. 예부터 수많은 사람들이 언어를 택해 노래를 불렀고 깨달음을 노래했다. 중국에는 왕유王維와 한산시寒山詩가 있고 우리는 20세기 전반에 한용운이 있다. 그들의 음색은 각각 다 다르다. 21세기 인터넷의 시대에 이르러 시인 역시 그 나름대로의 음색으로『공놀이하는 달마』라는 시집에서 줄기차게 노래를 부르고 있다. 인간의 근원적인 물음을 물으며 시인은 세기를 넘어서려 하고 있다.

　황봉구(시인),「최동호의 시집『공놀이하는 달마』」,『시와 비평』제5호, 2002년 하반기

*

  그는 '정신'의 구현 이상으로 '언어'의 탐구에 열중하고 있다. 고독과 극기의 시간을 벼려서 순도 높은 언어를 빚어내고 있다. 절제된 표현과 선명한 이미지의 구현으로 미적 효과를 높이고 다양한 관점과 구성 방식을 도입하여 의미를 강화한다. 그는 시를 통해 정신을 표현하는 데서 그치지 않고 언어 자체가 정신의 높이를 보여주는 경지를 꿈꾼다. 언어도단의 선적 각성을 추구하기 전에 언어의 감옥에서 고투하는 길을 택했다는 데서 그의 시인으로서의 뚜렷한 자의식을 만날 수 있다. 그의 정신주의는 '주의' 이전에 그 강렬한 의지와 분명한 태도로 인해 정신의 힘을 증명해 보인다.
  그에게는 도달해야 할 높은 산이 있다. 그 산에 오르려는 것은 누구의 권유에 의한 것도 아니고 세속적 영광을 위한 것도 아니다. 그의 시 「세르파의 전설」에 나오는 雪人처럼 내면의 부름에 의해 오르고 또 오르는 것이다. 그 힘겨운 등산을 통해 그가 이르고자 하는 것은 바로 진정한 자기 자신과의 만남이다. 시인이 부단한 언어와의 싸움을 통해 이르게 될 그 산의 정상은 언어도단의 경지일 것이다. 언어를 통해 언어를 넘어서는 세계를 향해 가는 모순과 역설의 시적 도정을 그는 멈추지 않을 것이다.
  이혜원(문학평론가, 고려대 교수), 「언어, 시의 영원한 화두」, 『애지』, 2003년 여름호

*

  최동호 시가 보여 주는 투명하고 견고한 시적 공간 속에는 현실과의 관계 속에서 고뇌하고 방황하는 시적 자아의 모습이 숨겨져 있다는 것이 나의 생각이다. 물론 이 고뇌와 방황은 하나의 궁극적인 진리를 찾으려는 탐색의 소산이다. 최동호 시의 주된 형상화 방법은 감정을 절제하고 섬세한 자연 묘사를 통해 자신의 내면을 객관화하거나, 자연과의 합일을 통해 깨달음의 경지를 추구하는 선시풍의 경향이다. 이 시적 공간에는 겉으로 보기에 시적 주체인 자아의 모습이 나타나지 않지만, 그것이 내면속에 숨어서 시적 자력을 발생시키고 있다는 것이다.
  오형엽(문학평론가, 고려대 교수), 「순간의 시학과 통합의 정신」, 『주름과 기억』(작가, 2004)

*

　최동호 시인의 상상력은 직관과 사유를 원동력으로 삼는다. 감각을 통해 자연스럽게 촉발되는 느낌보다 집중력을 요구하는 인식의 과정에서 거두어 들이는 깨달음을 상상력의 밑천으로 삼고 있는 셈이다. 이러한 깨달음의 상상력은 이번에 발표되는 작품들 속에서 독특한 특징을 선보이고 있다. 그것은 상상력의 대상으로 삶의 이러저러한 면모나 자연의 풍경을 선택하기보다는 오히려 그것들을 문자나 그림의 텍스트로 옮겨놓은 것을 상상력의 대상으로 삼고 있는 점이다. 간략하게 말해서 그의 시적 상상력은 메타텍스트의 전략을 취하고 있는 셈이다. 그의 작품들은「몽유조어도夢遊釣魚圖」라는 동양화나 박수근의「나목」과 같은 텍스트들에 대한 해석의 성격을 간직하고 있다. 그러나 시인의 상상력이 그러한 텍스트의 주체적 해석에 안주하고 있지는 않다. 그러한 텍스트들은 자연과 삶의 현실에 관한 시인의 주체적 개입과 깨달음을 성취하기 위한 보조장치로 활용되고 있다. 삶의 현실에 대한 주체적 개입과 깨달음을 성취하기 위하여 이러한 텍스트들이 보조장치로 활용되는 까닭은 그 텍스트들의 내용이 절실하면서도 쉽사리 체득하기 어려운 곡절을 간직하고 있기 때문이다. 그 텍스트들은 적어도 삶의 극단과 경계를 체험하거나 의식해야만 이해하고 공감할 수 있는 착잡한 진실을 일깨운다. 그런 점에서 그 텍스트들은 삶의 깊은 깨달음을 성취하기 위하여 거쳐야만 하는 관문이거나 화두인 셈이다. 그것은 삶의 깨달음을 성취하려는 시인의 정신과 겨룸의 지경에 놓여 있기도 하다.
　이경호(문학평론가),「경계의 시학」,『작가세계』2004년 봄호

*

  최동호 시인의 새 시집은 정신주의에 바쳐진 하나의 경전이다. 시인이 오랫동안 전력을 기울여 정신주의의 이론을 다듬고, 그것의 실체를 규명하고, 그것의 갈래와 역사와 전망을 역설해 왔음은 잘 알려진 일이다. (……)

  감히 말하자면 이 시집을 통틀어 가장 아름다운 시 가운데 하나가 이 시 구들장이 아닐까 싶다. 표제의 시인인 불꽃 비단벌레가 비단벌레와 불꽃의 만남에 대한 기록이라면, 이 시는 불(불의 혀)과 물(침묵의 먹)과 바람(바람의 머리칼)과 돌(구들장)의 만남을 기록한 경전이다. 그 모든 것이 모여 '구들장 돌부처'가 되었으니, 저 침묵의 부처들은 얼마나 아름다운가. 저들이 앞마당에 모여 볕을 쬐고 있으니, 저들의 양지는 또 얼마나 성스러운가.

  권혁웅(문학평론가, 한양여대 교수), 「정신주의의 완성을 위하여」, 시집 『불꽃 비단벌레』(서정시학, 2009)

*

　쓰는 자는 누구인가? 시집『불꽃 비단벌레』의 시편들은 중요하고도 근원적인 질문 위에서 씌어진 듯하다. 이 참다운 주체의 문제로 크게 괴로워한 최초의 인간은 석가이다. '나' 없는 자리에서 석가가 꽃을 드는 것처럼 어쩌면 시인도 자기를 비운 자리에서 비로소 자기를 넘어서는 사랑의 시, 세속적인 외도들을 뛰어넘는 무위無爲의 시를 쓰게 되는 것인지도 모른다. 최동호의 시는 말이 물질화되는 시대에 말 이전의 마음이 무엇인지를 보여준다. 천진성의 고향이라고도 부를 수 있는 그 마음은 꽃을 피우면서 꽃들을 넘어서 있는 봄처럼 행간을 기운 생동하여 흘러 다닌다. 말을 넘어서 마음에서 마음으로 전해지는 것이 비단 선禪만이 아닐 것이다. 오래전부터 문학에서 천진성의 불은 존중해 왔다. 꺼지지 않고 은밀하게 전해지는 내면의 램프, 그 빛 속에서 태어난 시들이 해맑고 아름답다.
　최승호(시인), 시집『불꽃 비단벌레』(서정시학, 2009)

*

"비단벌레 날개빛"은 부싯돌처럼 나의 가슴에 "푸른 사랑의 섬광"을 지피는 것이며, 어둠이 소용돌이치고 세상이 달라져도 "태초의 땅에 뿌리박"고 있는 것이다. 그것은 나의 사랑을 다 바칠 수밖에 없는 영롱한 아름다움이며, 태초부터 지금까지 변치 않는 영원한 아름다움이다. 비록 지금 그것은 잠들어 있고 날아가 버리고 침묵하고 있지만, 화자는 "은하 만년을 날아서라도" 그 날개빛을 보기를 간절히 바란다. "비단벌레 날개빛"만이 시의 가슴에 불꽃을 점화시키는 변치 않는 정신이기 때문이다. 그것은 「한국 현대시와 정신주의」에서 말한 "한 시대를 넘어서려는 형이상학적인 충동"이라 할 수 있다. 시인은 형이상의 세계에서 달관의 경지를 누리고 있는 것이 아니라, 침묵하고 있는 영원한 형이상의 빛을 얻기 위해 지금 여기의 부싯돌을 끊임없이 충동하고 있는 것이다. 그렇게 본다면 영롱한 날개빛의 형이상은 그 자체로 의미 있는 것이 아니라, 그것을 향해 시의 부싯돌을 부단히 치도록 하는 사랑의 충동이라는 점에서 의미를 갖는다고 볼 수 있다.

오연경(문학평론가), 「골똘한 정신, 극진한 언어」, 『다층』, 2009년 가을호

*

　소년배여 그대 원래 사자새끼였지 않았더냐. 어째서 저 개새끼들 틈에 끼어 살아오지 않았더냐. 저 울음이란, 실상 뻐꾸기 울음이 아니라, 우람한 사자의 으르렁거리는 소리에 다름 아닌 것. 이런 꼴에 단연 이의를 제기한 소년배가 있었다면 어떠할까요. 총명한지라 그는 이렇게 토를 달지 않으면 안 되었소. 뻐꾸기 소리란, 또 그것이 설사 사자의 으르렁거림이라고 해도 그런 것은 사람의 '자연' 쪽이 아니겠는가. 인간이 목소리는 어디로 갔는가. 자연속에 빠진다면 블랙홀 모양 빠져나올 수 없는 것. 옴마니 밤메홈, 아제 아제 바라 아제의 경지가 그것일 뿐. 종교 말이외다. 이 주문呪文에 빠진다면 영영 헤어 나오지 못한다는 것. 바로 이 자장에 소년의 총명함이 있었소. 일찍이 이 소년배는, 월하 김달진 저술에 한동안 빠져 헤매곤 했소. 그것이 저 남화자南華子의 양생술養生術에 뿌리가 닿도록 깨쳤소. 28조 보리 달마의 언저리에까지 얼쩡거리곤 했소. 이 모두가 결국은 자연임에 주목하지 않으면 안 되었소. 자연에 맞서지 않는다면 대체 어떻게 저 블랙홀에서 빠져나올 수 있는가. 넋이라는 함정, 또 그 종교적, 주술적 세계 말이외다. 소년배의 머리에 섬광이 번득였소. 왈, 정신주의가 그것이오. 정신주의란, 그러니까 물질만능주의라든가 현대문명에 대한 비판과는 전혀 무관한 것. 자연, 뻐꾸기 울음 바로 그것에 대한 반대명제의 소산인 것. 바로 여기에 소년배의 대담함, 총명성이 있었소. 저도 모르게 헤겔주의자 되기란 그것. 저도 모르게 헤겔의 수제자 되기를 작심했음이오.(……)
　그뿐인가. 진작부터 인류는 비단벌레의 생태적 보석화가 세계적 보석시장을 형성하고 있었것다. 이 생태적 보석과 그것의 역사화를 소년에게 가르쳐준 스승이 헤겔이었다는 것. 비록 스승이 말하는 당대 공동체의 반영으로서의 수준까지는 미치지 못했을지라도 말이외다. 이른바 정신주의의 나름대로의 하나의 결실이 아닐 것인가. 2008년 10월에야 천연기념물로 제정된 비단벌레이고 그로부터도 일 년 뒤에야 시집『불꽃 비단벌레』가 가까스로 세상에 나왔고. 생태계에도 역사에도 한참 뒤에서 말이외다.
　그만큼 둔감하다고나 할까 소중하다고나 할까요. 시란 흔히 '표현'이라 알기 쉽지만 실상은 '발견'이라는 것. 시인 최동호로 표상되는 정신주의란 이를 가리킴이겠지요. 정신주의란 자연물이 아닌, 인공물이니까 그럴 수밖에요.
　김윤식(문학평론가, 서울대 교수),「1억 4천만년 동안의 울림과 빛깔 ─지리산의 뻐꾸기, 우포 늪의 왁새, 황남대총의 비단벌레」,『서정시학』2010년 가을호

*

　30년 이상의 오랜 시력을 가진 한 시인의 세계를 한 마디로 요약한다는 것은 가능한 일도 아니거니와, 그러한 비평적 요약의 시도란 어떤 의미에서는 불경스러운 일이라고도 말할 수 있을 터이다. 하지만 종종 그러한 비평적 시도가 불가피한 경우가 있으며, 때로 그것은 오랜 세월 하나의 세계만을 생각하며 그 세계의 탐구에 몰두해 온 한 시심詩心에 대한 비평가적 존경의 표현인 경우도 있다. 최동호의 시력을 '정신주의'의 탐구에 오롯이 바쳐진 역사라고 요약할 때, 이제 이 명제를 부정할 수 있는 사람은 많지 않을 것으로 보인다. 이 정신주의의 탐구는 주지하듯이 단지 한 시인으로서의 시적 탐구에 그치는 것이 아니라, 한국 시 평단에 뚜렷한 족적을 남긴 한 명의 중요한 비평가이기도 한 그의 비평적 진단과 전망이 낳은 이론적 산물이기도 하다. 정신주의에 대한 최동호의 시적 투신은, 그러므로 그의 이론적 전망에 대한 몸의 실천이라고도 말할 수 있을 것이다. 이 정신주의가 무엇을 뜻하는가에 대한 비평적 논의는 그동안 여러 차례 진행되어 왔으며, 이는 한 시인의 시적 세계에 대한 탐구를 넘어서 한국시 일반을 매개로 한 지성사적 탐색이라는 측면에서도 범상치 않은 비평적 관심을 낳은 바가 있다.
　함돈균(문학평론가), 「마음과 풍경」, 『유심』 2010년 가을호

*

최동호에게 시는 『얼음 얼굴』의 서시인 「명검」과 같다고 말할 수 있다. 그 이유는 시를 추구하는 마음이 명검의 길을 가려는 검객의 정신과 같은 것으로 보이기 때문이다.

> 검을 앞에 놓고 살아야 한다. 그것은 검을 뽑아 이름을 날리며 세상을 사는 명리의 길이 아니라 겸허하게 덕을 닦으며 바르게 사는 명검의 길을 가기 위해서이다.
> ―「명검」 일부

여기서 "검을 앞에 놓고 세상을 살아야 한다"는 시와 인간과 삶이 동일한 것이라는 「시적 신성성과 매혹」에서의 발언과 일치한다. 시는 "부드러운 덕을 닦으며 세상을 살아야 하는" 이치와 별개의 것이 아니기 때문이다. 이런 점에서 최동호의 시가 절제된 단순성과 여백을 축적하는 방향으로 전환된 것은 바로 욕망의 절제와 '부드러운 덕'의 가치 있는 삶에 대한 끊임없는 추구와 깨달음에서 비롯된 것이 분명하다고 말할 수 있다.

오생근(문학평론가, 서울대 교수), 「절제와 여백의 시학」, 『얼음 얼굴』(서정시학, 2011)

*

　최동호 시인은 시집 『불꽃 비단벌레』에서 정신주의의 극점을 "불꽃 비단벌레"로 형상화시켰다. 『불꽃 비단벌레』가 정신적 높이를 지향하고 있다면, 시인의 새 시집 『얼음 얼굴』은 낮은 위치의 사람들과 어린아이 같은 연약한 존재들을 감각적으로 구현하고자 한다. 새 시집에서 시인은 "정신주의 한 끝에 극서정시의 길이 있다. //현실이 휘발된 상황에서/소통을 지향하는 디지털적 집약의 시가 극서정시다./여백과 서정이 극소의 언어 끝에 있다."(「시인의 말」, 『얼음 얼굴』)고 진술한다. 여기에서 '현실이 휘발된 상황'이 현실이 배제되었다는 뜻이 아님은 시집에 실린 작품들을 통해서 확인할 수 있다. 시인의 시적 자아는 높낮이가 다양한 현실들 위에 서 있음을 보여주기 때문이다. 그가 추구하는 '극서정시'는 현실을 지반으로 삼고 사물의 본질을 심도 있게 파헤쳐 들어가려는 시 정신이라고 말할 수 있다.
　조해옥(시인, 문학평론가), 「사물의 꽃과 회귀의 시간」, 『딩아돌하』, 2011년 여름호

*

  최동호의 극서정시는 피뢰침을 꽂고 요절하더라도 지고한 영혼과 일체가 되고자 하는 자아, 혹독한 수행을 통해 마음의 북소리와 일체되고자 하는 얼음 얼굴의 자아가 그 핵심으로 자리 잡고 있다. 이러한 극서정시의 의의를 다음 세 가지 측면에서 살펴보자.
  먼저, 극서정시는 정신주의를 일관되게 주창해온 시인의 시적 치열성을 잘 보여주고 있다. 곧 시인이 '인간과 자연이 생성적으로 합일되는 세계'로 나아가기 위한 방법을 치열하게 탐색해 온 과정에서 그 한 결과물로 도달한 것이 극서정시인 것이다.
  다음, 극서정시는 오늘날 비인간화의 시대에 편승해서 비인간적인 시를 쓰고 있는 시인들에 대한 준열한 비판을 담고 있다. 인터넷 가상현실에 매몰되어 "죽음도 삶도 없는 화려한 스크린 인생"(「지인_{로人}들」)을 시로 쓰면서, 그것이 마치 이 시대의 가장 전위적인 시라고 떠벌리고 있는 시인들이야말로 '가짜' 시인에 불과하다는 것이다. 비인간화 시대에 '진정 인간다움을 지향하는 시' 그것이 극서정시이다.
  마지막으로, 극서정시는 조선시대의 시조처럼 오늘날의 한국 사회의 보편적 정서를 담으면서 일본의 하이쿠를 넘어서는 보편특수적인 한국시 형태를 개척하고 완성하고자 하는 것과 관련이 있다.
  문홍술(문학평론가, 서울여대 교수), 「삶과 인간과 시에 대한 매혹, 극서정시의 깊이와 넓이 — 『얼음 얼굴』」, 『시와 세계』 2011년 가을호

　「명검」은 삶의 태도, 특히 분노를 다스리는 일의 알레고리로 읽을 수 있는데, 시인은 보이지 않는 절제의 힘으로써 살생을 넘는 일의 위대함을 강조하면서 검을 칼로 만들지 않기 위해서는 날 선 정신의 능력이 요청됨을 강조한다. 물론 그 능력이란 상대를 읽고 자신을 제어할 줄 아는 힘, 아울러 긴 시간에 대한 감각과 믿음일 것이다. "제 집을 지키고 있는 검이 사람의 마음을 움직이고 세상을 움직이며 끝내 태산을 울게" 한다. 칼잡이와 검사劍士를 가르는 '설악산 노스승의 말씀'은, 쓰지 않고 다스리는 일의 가치를 통해 삶의 지혜를 전달하고 있다.
　인용 시는 시인이 제기한 극極서정시의 시론으로도 읽을 수 있는데, 그러한 관점에서 읽으면 좋은 시는 '집을 품고 있는 검'처럼 의미의 영역을 제한하지 않는 말, 보이지 않는 뜻이 운동하는 말일 것이다. '집에서 뽑힌 검'처럼 적나라赤裸裸한 언어와 무참하게 휘둘려지는 언어는 칼잡이의 칼처럼 존재 세계를 절단내고 상상력의 품을 사라지게 한다. 저 '명검'처럼, 좋은 시는 말을 가능성 속에 운동하게 함으로써 "사람의 마음을 움직이고 세상을 움직이며 끝내 태산을 울게 하는" 시라고 할 수 있을 것이다. 극極서정시가 '간결, 평이, 단순'을 지향한다는 것은, 극서정시의 담론이 건강한 인간 정신, 절제된 견인주의 위에 기초되어 있음을 뜻하는 것이다. 그러한 점에서 극極서정시는 검劍과 삶의 길을 하나로 겹쳐놓고 있는 「명검」의 의미 구조처럼, 삶의 길과 시의 길을 일치시키려는 정신주의 시학의 한 소산이라고 할 수 있다. 극極서정시는 앞에서 잠시 살펴보았던 하이데거와 선의 언어관에 내재한 정온, 침묵, 절제, 간명, 견인의 정신에 닿아 있는, 수행修行의 시학이다. 그것은 말의 본질에 관한 유서 깊은 성찰에 기초하고 있으면서, 동시에 삶의 길에 관한 경건한 성찰을 바탕으로 한 시학이다. 극極서정시는 단순히 짧은 시나 간명한 언어의 가치를 강조하기 위해 제안한 개념이라기보다 좀 더 근원적인 말과 삶에 관한 문제 제기라고 할 수 있다. 바로 이 대목이 극서정시의 가능성과 한계가 교차하는 지점이다.
　김문주(문학평론가, 영남대 교수), 「간명한 말의 매력, 회귀하는 언어들」, 『시와 사상』 2012년 봄호

　최동호의 시는 이항대립의 특별한 지양을 통해서 태어난다. 세계는 모순의 외양을 띠고 출현하며 이것이 이항대립으로 나타난다. 시인은 이런 세속의 모순을 성聖의 차원에서 해소하려 한다. 모순율을 인정하면서도 그 모순의 양립 가능성을 표현하려는 것이 시인의 전략이다. 하나의 차원에서 모순이 드러난다는 것은 그보다 높은 차원이 그 차원에 드리운 사영과 같은 것이다. 다르게 표현하자면 속俗의 모순은 성의 표현일 수 있다. 그런 의미에서 최동호의 시를 '성스러운 모순'이라고 할 수 있다. (……) 지난 십 년 동안 시적인 모색을 통해 시인은 이에 대한 답변을 제출할 수 있게 된 듯하다. 삶은 모순된 것이지만 바로 그 모순이야말로 성스러운 것의 표현이라고. 신을 잃어야 신이 우리를 찾아오고, 황홀은 죽음을 봉인해 두고 있으며, 모든 기능과 용도 너머에서 가능성만으로 존재하는, 그것도 육체에서 가장 생생한 표현을 얻는 정신이 있으며 무언을 향해 전진함으로써 최대의 말을 하는 극소의 언어가 있고, 한 삶이 여러 개의 다른 삶과 시간으로 공간으로 접면하고 있다고. 그리고 바로 이 세속의 현장이야말로 성이 현현하는 현장이라고. 이 넉넉한 깨달음의 바탕 위에서 앞으로의 십 년은 무엇을 적어나가게 될까? 독자의 한 사람으로서 두근거리며 기다려 보기로 한다.

　권혁웅(시인, 문학평론가), 「성스러운 모순의 시학」, 『작가세계』 2013년 여름호

*

　최동호가 일관되게 "하나의 도道에 이르는 시학"을 추구한 것은 궁극적으로 오늘의 현상을 이해하고 다스릴 수 있는 지혜를 터득하고 이를 통해 무위의 생성을 따르고자 한 것으로 파악된다. 그가 정신주의의 지표 "형이상形而上 세계의 개척"을 내세운 것도 이러한 무위의 창조성과 연관되는 것으로 파악된다. "좋은 시"의 창작 역시 이러한 무위의 질서 안에서 가능하기 때문이다. (……) 앞으로 그의 정신주의는 "극서정시"의 형식론과 만나게 되면서 "형이상形而上"의 진경을 더욱 실감나게 보여 줄 것이다. 이제 우리는 21세기의 시대를 넘어서는 시대정신의 숨결을 좀 더 가깝게 느낄 차례이다. 얼마나 기쁘고 가슴 설레는 일인가.
　홍용희(문학평론가, 경희대교수), 「구극의 언어와 형이상形而上의 개척」, 『작가세계』 2013년 여름호

*

　최동호의 글쓰기는 화자, 대상, 진술을 통해 주체의 본래적 자리, 비어-있음의 자리를 보여주는 방식을 취한다. 이를테면 없음의 매개체인 소리, 그림자, 귀신, 바람 등과 같이 존재하지만 구체적 실체가 아닌 것들을 통해 존재의 여백을 탐사한다. 여백의 자리는 현실을 뛰어넘고 변형시키며 현실에 없던 새로운 가치를 덧붙이는 것으로 일상적 인식과 논리적 추론이 예상하지 못하는 세계로 향한다. 이것이 여백과 정신주의, 정신주의와 여백의 울림이 만들어내는 비어-있는 지대의 파장이다. 따라서 정신주의는 인간과 자연이 합일된 실존의 '무無'를 넘어서 '비어-있음'의 지대에서 사유에 도달하고자 하는 운동성으로 나타난다.

　그가 최근에 선보인 '극서정시' 역시 유목민처럼 부유하는 디지털 시대의 위기에 맞서는 반성적 대안으로써 정신주의의 극명으로 표명된 것에 다름 아니다. 혼탁한 현실을 극복하려는 전략으로 생략의 미를 통해 긴장을 주는 '극서정시'는 정서와 서정이 교차하는 정신주의의 극極이라고 할 수 있다. 최동호는 "정신주의 한 끝에 극서정시의 길이 있다. 현실이 휘발된 상황에서 소통을 지향하는 디지털적 집약의 시가 극서정시다."(『얼음 얼굴』, 서정시학, 2011, 5쪽)라고 말한다. 모든 세파와 언어의 오염과 번다함을 통과해 내고 당도한 극점極點에서의 극서정시는 물신주의에 의해 길들여진 혼돈의 문턱에서 세계와 소통하고자 하는 언어적 노력이자 정신주의의 실천인 것이다.

　권성훈(문학평론가, 경기대 교수), 「언어의 그물과 여백의 이파리들」, 『작가세계』 2013년 겨울호

*

　최동호의 시집『수원남문언덕』은 최근 최동호의 시학의 방향을 여러 축에서 선명하게 보여준다. 하나는 최근 그가 심혈을 기울여 담론화해 왔던 '극서정시' 곧 극소의 언어를 통한 의미론적 무한 확장의 지향이고, 다른 하나는 인간과 세계의 심층에 대한 깊은 '구도'의 지향이고, 마지막 하나는 자기 기원으로 귀환하여 새롭게 생의 결절을 구축하려는 '회귀'의 지향이다. (……)
　결국 최동호 시인은 이번 시집을 통해 서정시 본연의 절제와 여백을 더 없는 장처로 살려내는데 성공하였다. 그가 구안하고 실천한 '극서정시'는, 비록 명료한 양식적 띤 명명은 아니지만, 최근 왕성하게 창작되는 해체나 탈주체 시편들과 철저한 대극에서 언어의 경제학과 사유의 응집성을 결속하는 방향을 암시적으로 계도해 주었다. 그러한 시학의 탐구자이자 구도자로서의 여정을 담은 이번 시집은, 그 점에서 시인 최동호의 거보巨步가 시작되는 지점을 선명하게 알려주고 있는 것이다.
　유성호(문학평론가, 한양대교수),「구도적 서정과 기원 탐색의 의지」, 시집『수원남문언덕』(서정시학, 2014)

*

　최동호의 극서정시는 그가 1980년대부터 말해 온 정신주의 시의 역사적·현재적 개념이다. 최동호는 근본적으로 독재 시대, 민중의 시대, 해체의 시대 뒤에 온 디지털 시대에 시는 어디로 가야 하는가라는 문제의식에서 극서정시를 구상했다고 볼 수 있다. 그 문제의식은 민중시, 해체시를 경험했고 미래파를 넘어서려는 우리 시는 어떤 시여야 하는가라는 질문이기도 했다. 거기에 그는 미래파의 에피고넨들이 장황하거나 난삽한 시를 양산하고 세대 간의 소통이 단절된 시단에 대한 비판의식, 좋은 시란 어떤 시인가라는 미학적 사유를 결합하면서 극서정시의 개념을 정교하게 구성해 가고 있다.
　정신적 측면에서, 극서정시는 디지털 시대의 삶을 극복하려는 정신에 의해 창조되는 시다. 최동호는 디지털 시대의 부정적 측면을 통렬하게 비판하는데, 그 핵심은 인간이 인간으로서 존재할 수 있는 공간이 극도로 축소되고 말았다는 것이다. 따라서 그는 인간의 삶을 본연의 것으로 되돌리려는 시대정신, 시 정신이 필요하다고 주장하며 극도의 협소한 공간 또는 극점에 갇힌 인간을 자유롭게 하는 시인 극서정시를 제안한다.
　현순영(문학평론가), 「서정시로써 서정시를, 시로써 시를」, 『다층』 2014년 가을호

*

최동호 시인의 작품들에서 '수원'은 시 세계의 토대이자 자장이고 이상향이다. 시인에게 수원은 심리적인 안정감과 정체성을 제공해주는 고향으로서 집과 같은 곳이다. 시인은 자신이 태어나고 성장해온 그곳의 인연들과 함께한 시간들에 애착을 갖고 있다. 그러므로 시인에게 수원은 경기도 남부에 위치한 교통의 중심지이거나 조선 왕조의 역사가 깃들어 있는 문화유적지라는 차원을 넘는다. 그보다는 시인의 존재 의미와 가치가 확립되어 있는 장소이다.

인간은 많은 경험을 통하여 자신을 둘러싼 공간(space)을 친밀한 장소(place)로 바꾼다. "경험적으로 공간의 의미는 종종 장소와 융합된다. "공간"은 "장소"보다 추상적이다. 무차별적인 공간에서 출발하여 우리가 공간을 더 잘 알게 되고 공간에 가치를 부여하게 됨에 따라 공간은 장소가" 되는 것이다. 공간에 인간의 의미와 가치를 부여해 장소로 만드는 인식이 장소애(topophilia)이다. 장소애는 자아의 능동적인 작용으로 공간에 새로운 의미를 창출한다. 원형적인 공간에 자신의 고유한 정서를 육화시켜 일체감과 소속감을 형성하는 것이다.

최동호 시인이 자신의 고향인 수원을 친밀한 장소로 만들고 있는 것이 그 예이다. 시인에게 수원은 평범한 곳이 아니라 특별한 장소이다. 거주했던 집이며 다녔던 학교며 친구들과 뛰어다녔던 길이며 물놀이를 했던 개울이며 만났던 이웃 사람들이 모두 그 대상이다. 그리하여 시인은 자신이 함께한 시간들과 장소의 고유성을 결합시킨다. 고향의 "도시나 토지는 어머니로 간주되며, 그것은 자양분을 제공한다. 즉 장소는 정감어린 기록의 저장고이며 현재에 영감을 주는 찬란한 업적이다. 또한 장소는 영속적이며, 그리하여 자신의 연약함을 알고 어디에서나 우연과 변화를 느끼는 사람들을 안심시킨다." 시인은 수원을 그와 같은 장소로 인식하고 적극적으로 품는다. 수원은 시인이 뿌리내린 최초의 장소이면서 궁극적으로 돌아가고자 하는 장소이다. 정서적인 공간일 뿐만 아니라 지향하는 이상세계인 것이다. 그리하여 시인은 고향에 대해 남다른 애착을 나타내고 있다. 수원을 이 세계의 중심에 놓고 부단하게 노래하고 있는 것이다.

맹문재(시인, 안양대 교수), 「장소애의 시학」, 『수원문학』(2015)

*

　제왕나비(Monarch butterfly)는 아메리카 대륙에 광범위하게 서식하는 실제 생명체이다. 이 작고 여린 생명체 수백만 마리가 늦가을 무렵 떼를 지어, 캐나다 동부와 미국 중서부에서 장장 5,000킬로미터를 날아 멕시코의 미초아칸 주의 마을들로 이동하는 대자연의 경이로운 향연을 가슴에 품어보라. 그리고 저 미초아칸 주의 인디언들이 제왕나비의 귀향을 죽은 가족들의 영혼이 찾아오는 것으로 믿고, 해마다 봄이 오면 '죽은 자들의 밤'이란 축제를 벌이는 그 장면을 눈앞에다 생생하게 펼쳐보라. 만일 이 장면이 손에 잡힐 듯 실감나게 그려질 수 있다면, 당신은 제왕나비가 도래시키는 대자연의 숭고한 리듬에 이미 동참하고 있는 중일 테다. 나아가 이 시편의 앞머리로 솟아오른 '파도 위로 호랑무늬 깃을 펼치며/대지를 움켜 쥔/나비가 날고 있다'라는 역동적인 무늬들의 날갯짓에 깃든 마음결의 심연을 어렴풋이나마 잡아챌 수 있을 것이다.

　언뜻 보아 저 날갯짓은 그 모든 제약과 난관과 장애를 훌쩍 뛰어넘는 대자연의 역능을 나타내는 듯하지만, 그 뒷면에는 고독과 무관심과 소외로 표상되는 현대인들의 정신적 고통과 폐허의 감각을 넘어서게 하는 메시아적 존재로서의 '시인'을 대망하는 사색의 진폭이 깊숙이 잠겨 있다. (……)

　최동호가 대망하는 저 '제왕나비'란 우리 현대인들의 궁핍하고 상처받은 '영혼'을 참된 어울림의 빛, 화엄세계로 다시 태어나게 하는 위대한 '시인'의 탄생 순간을 일컫는 것 아니겠는가? 『제왕나비』의 맨 아랫자락에서 솟아오르는 '고치에서 부활하는 영혼'이 펼쳐내는 저 어슴푸레한 '구원'의 영기靈氣처럼.

　이찬(문학평론가, 고려대 교수), 「시의 황홀경, 극서정의 비의」, 시집『제왕나비』(서정시학, 2019)

*

　이제 나이 들면 시를 쓰지 못한다는 말은 우리 시단에서도 옛말이 되었지만, 최동호 시인의 이번 시집은 젊었을 때의 그의 시보다 한결 더 맛깔스럽고 울림이 큰 시를 만나게 해 준다. 성자와 거지가 함께 살고, 백발의 늙은이가 까까머리 중학생을 속에 지니고 사는 것이 그의 시다. 그러나 쉽게 어린아이 감성과 성인의 사고로 그의 시를 설명해서는 안 된다. 반딧불이 하나 잡은 아이의 손에서 "환한 세상"을 보고, "흰 망사 스타킹 두 개가 아스팔트를/ 걸어가는 환한 세상"을 보는 조금은 철딱서니 없음에 그의 시의 재미가 있기 때문이다. 한여름 이른 아침 산길에서 마주친 샘물처럼 상쾌한 시들이다.
　신경림(시인), 시집 『제왕나비』(서정시학, 2019)

*

  신의 심판 같은 번개. 삶의 고통에 꺾여버린 지상의 인간 같은 피뢰침. 시인은 산언덕에 내려와 "휴지조각 바람 타고 나는 좁은 골목길"에 들어선다. 그는 본다, "구멍가게 유리창 / 다닥다닥 붙은 전단지"를. 다가선다. 빗방울이 '전단지처럼', 구멍가게 안을 들여다보려는 눈동자처럼 붙어 있다. '전단지'는 '빗방울'이다. 두 사물을 화학 결합시키는 은유 때문에 독자는 새로운 감각의 세계로 인도된다. 동사 '붙어 있다'가 접착하는 전단지와 빗방울이, 우리의 피부에 들러붙어 있는 이 세계가 얼마나 황량하고 차가운지, 알게 한다. 현실보다 언어로 표현한 비유가 더 현실적으로 느껴지는 신비. 이미지 매트릭스(image matrix) 안에 구현된 현실. 번개가 한 번 더 떨어진다. 산동네 가난한 사람들이 사는 "납작 지붕"에 도달한 번개가, 그런데, 사라지고 없다. "제라늄 꽃봉오리"가 번개를 삼켰다. 이 모든 광경이, 시인이 목격한 것이, 언어로 표현한 이미지의 향연이 "촛불 같이 살다 쫓겨 간 사람들의 시"이다. 하늘을 뒤덮은 먹구름 속 "붉은 꽃봉오"리가 지상의 "제라늄 꽃봉오리"이다. 시인의 심장처럼 제라늄이 그곳에 피어 있다. 공간을 포월包越하고 시간을 압축하는 이미지가 독자에게 번개처럼 쇄도한다. 이미지 파랑波浪이 휘몰아친다. 최동호가 『제왕나비』로 이룩한 경지를 한 마디로 응결할 수 있다. 이미지의 나라(image+nation). 그는 새롭고 광활한 이미지의 세계에 들어선 젊은 시인이다. 그의 마법 같은 이미지가 펼쳐질 다른 날을 기대하게 되는 이유이다.
  장석원(시인, 광운대 교수), 「이미지 파랑 위로 날아오른 『제왕나비』」, 『미네르바』 2019년 겨울호

*

"바닷가 여인숙//달빛 파도가 밀려오는 바닷가//덜컹이는 문간방//파도 소리 듣는 귀가 미역 줄기처럼 자라//잠 못 드는 나그네"(「파도 여인숙」전문)

한 행을 한 연으로 잡은 총 5행 5연의 짧은 시, 극서정시다. 시인은 극서정시를 "간결하고 경쾌하며 독자들이 함께 공감할 수 있는 시"라 했다. 어디 한군데 어려울 것 없이 명징하고 경쾌한 이미지들이어서 독자들이 쉬이 공감할 수 있는 극서정시의 한 모범으로 읽을 수 있는 시가 위「파도 여인숙」이다.

"송홧가루 날리는/외딴 봉우리//윤사월 해 길다/꾀꼬리 울면//산지기 외딴집/눈먼 처녀사//문설주에 귀 대이고/엿듣고 있다". 우리 국민이면 누구든 읽고 읊조릴 수 있는 박목월의 대표시「윤사월」전문이다. 명징한 이미지와 서정으로 하여「파도 여인숙」을 읽으며 이 시가 떠올랐다.

그럼에도「파도 여인숙」이 훨씬 더 현대적이고 역동적이다.「윤사월」이 7·5조의 민요조 운율에 각 2행씩 5연의 단정한 형태로 전통적, 고답적인데 반해「파도 여인숙」은 운율과 행, 연 갈음에서 자유스럽고 현대적이다. 수식어 하나 없이 동사로 나가고 있어 역동적이다. 명사로 종결하며 응축감과 긴장감도 더하고 있다.

이경철(시인, 문학평론가),「생의 감각과 깊이를 명징하게 드러내는 혼신의 시」,『문파문학』2021년 가을호

*

  최동호 시의 여러 가지 상징적 형상들은 세속 도시의 순간적 가변적 사례를 초월의 정념으로 변용하여 영속의 시간으로 승화시키는 역할을 한다. 그 상징적 형상은 덧없고 누추한 세속의 삶에서 영원하고 신성한 세계를 바라볼 수 있는 전망의 등촉 역할을 한다. 이러한 시적 상징의 포착, 이러한 시적 순간의 정화가 없다면 우리가 무엇 때문에 시를 읽고 거기서 의미를 찾으려 하겠는가. 최동호의 시는 그런 시적 순간의 초월과 승화를 체험하는 지평으로 우리를 안내한다. 그의 시에서 퍼져 오는 부드럽고 맑은 음성과 정겨운 손길이 우리의 마음을 따뜻하게 어루만진다. 이것은 우리에게 드리운 고귀한 축복이다.
  이숭원(문학평론가, 서울여대명예교수), 「맨발의 쪽배로 건너는 구도의 바다」, 시집 『황금 가랑잎』(서정시학, 2021)

*

 진풍경이다. 세계의 두 가지 모습이 충돌하고, 섞이고, 서로에게 스민다. 나무의 묵은 잎은 지상으로 오고 지상의 누군가는 담배꽁초를 멀리 던진다. 자연은 '날리고' 사람은 '던진다'. 한시의 대구 기법이 자연스레 우리말 구문이 된다. 겨울 햇빛은 쪼그라들어서 렌즈에 모이고 다시 봄을 지피는 재료가 된다. '쪼그라들기'와 '지피기'가 동시에 일어난다. 거대한 태양과 작은 겨자씨가 하나다. '겨자씨 햇살'은 방랑 시인 딜런 토마스Dylan Thomas가 「Poem on his Birthday」의 첫 구절에서 창안한 '겨자씨 태양 the mustardseed sun'처럼 새롭다. 작은 것과 큰 것이, 굴원이 도에 대해 묘파한 '其小無內'와 '其大無垠'이 하나다. 지옥과 천국이, 생사와 열반이 둘이 아니라는 선불교의 불이론不二論이 일상화되고 문학적으로 형상화된다.

 살고 죽는 문제를 어떻게 해결하는가. 불교는 "노장과 유가가 해결하지 못한 생사生死의 구경적 초월을 천착해 현실과 이상의 중재자가 되었다."(『하나의 도에 이르는 시학』, 69면.)는데, 이런 유심론적 형이상학을 일상 삶으로 환원시킨 점이 이 시의 묘미다. 진리가 현실 안에 어떻게 드러나는가를 「겨자씨 햇살」은 중개한다. 속에 숨어있는 의미가 현모해서 아슬아슬하다. 눈 밝은 이는 '하나의 도'를 발견하지만 그렇지 못한 이는 담백한 정경으로만 본다.

 윤재웅(문학평론가, 동국대교수), 「불심 즉 시심 — 최동호의 문학과 불교사상에 대하여」, 『서정시학』 2022년 봄호

*

 제8시집 『제왕나비』에서도 시인은 "간결한 시의 여백이 불러일으키는/극서정의 명징성"(「시인의 말」)을 강조하였다. 이 시집 안에는 '빛' 이미지가 가득한데 '먼 밤'의 빛, '환한 대지'의 빛, 그 사이를 가로지르는 '푸른' 빛이 가득 일렁인다. 빛의 형이상학을 향한 고독한 시인의 길이 여기저기서 비쳐온 것이다. 빛과 함께 시집의 키워드를 이루는 '나비'는 가녀린 날갯짓으로 빛의 시간을 뜨개질하고 있다. 시인은 「초승달」에서 검푸른 빛을 선생의 이미지로 삼으면서, 초승달 뒤에서 제왕나비가 부활하는 영혼의 빛을 보고 있는 장면을 담아낸다. 아마도 그것은 어린아이가 가득 잡은 손에 들어 있는 빛이기도 할 것이다. 그렇게 생명의 씨를 움켜쥔 빛이 우주적으로 확장되어 가면 '천둥 번개'가 되고 선승 콧날에 비친 '검푸른 빛'이 되기도 하는 것이다.
 유성호(문학평론가, 한양대 교수), 「극서정시의 미학적 비전과 성취」, 『서정시학』 2022년 봄호

*

　2019년 펴낸 8번째 신작 시집 『제왕나비』 맨 앞에 실린 시 「소금쟁이 설법」 전문이다. 평범한 두 문장을 네 마디 네 연으로 나누어 놓았을 뿐인데도 단순해서 더 허정한 깊이에 무릎 치며 압도당할 수밖에 없는 시다.
　문맥을 따라 가만 다시 읽어보니 어렸을 때 고향에서 본 풍경인가, 흰 구름 비친 물 위를 아무 자국 남기지 않고 미끄러지듯 자유자재로 다니는 소금쟁이를 그대로 크로키한 시다. 누구든 그런 풍경 한 번쯤 봤을, 극히 사실적인 묘사다. 그러면서도 우리네 마음 본디의 이미지와 그대로 통하고 있다.
　제목에 딸린 '설법說法' 때문인가. 묘사만 있을 뿐 설법이나 진술 등의 말은 없는데도 굉장히 크게 들린다. 소금쟁이가 떠다니는 물 위의 풍경 다 지워버리고 단 두 문장으로 정제했기에 더욱 크고 끝 간 데 없는 깊이로 스며드는 극서정의 한 모범을 보이고 있는 시다.
　이경철(시인, 문학평론가), 「하나의 도道에 이르는 불이不二의 삶과 시와 시학 — 고향 수원을 중심으로」, 『서정시학』 2022년 봄호

*

　최동호 시는 지난 반세기 동안 빛과 색으로 이중주를 연주하며 궁극의 경지를 향해 정진하는 모습을 보여주었다. 모든 색을 합하면 검정색이 되고 모든 빛을 합하면 투명해진다. 그 두 가지 대척점의 색과 빛을 운용하며 가랑잎에서 황금빛 부처가 모습을 나타낸 것이다. 노란색은 혼탁한 현실을 대변하며 출현하였고 황금빛은 그 세계를 압축하면서 빛을 발했다. 불교에서는 "무성한 노란 꽃은 모두 반야 아닌 것이 없다"(鬱鬱黃花 無非般若)는 말이 전해져 내려온다. 그렇다면 노란 가랑잎은 어떨까. 그 구분은 부질없다. 만물의 참다운 모습을 아는 데에 꽃과 가랑잎의 분별이 있을 수 없다. 그는 가랑잎이라는 미물에서 불성을 찾기 위해, 찰나보다 짧은 순간에 생명의 영속성을 지우기 위해 정진해 왔다. 흔들리는 현실과 절대적인 진리를 마주 세우고 형식 실험과 정신의 고귀함을 동시에 수행해왔다. 우리는 이와 같은 모습을 통해, 한국 현대시의 지형에 구체적인 모형을 얻을 수 있었다. 가장 많은 시인들이 쓰고 있는 영역이지만, 비평과 연구에서 가장 많이 소외되는 지점, 예술성을 지향하는 영역 중 구심력이 작동하는 시의 구체적인 이미지가 그의 시를 통해서 구체적으로 드러난 것이다.
　김종훈(문학평론가, 고려대 교수), 「황금빛 신기루와 서정의 수호자」, 『서정시학』 2022년 봄호

*

「경이로운 빛 속으로」에서 시인은 석가의 깨달음은 책에서 나온 것이 아니라 거듭된 사유를 통해 영혼의 비밀을 찾아낸 것이라고 말한다. 석가는 고행을 통해 해탈을 이루고자 했으나 실패하고 보리수 아래서 깊은 사색에 정진하여 비로소 깨달음을 얻은 것으로 알려져 있다. 시인은 이러한 석가의 일생을 바탕으로 석가의 깨달음의 본질을 강조하고 있는 것이다. 그런데 이 시의 전언은 석가의 삶에만 한정된 것은 아니라고 할 수 있다. 이 시는 경전 안의 고답적인 진리보다 깊은 사색의 과정을 통해 스스로 깨달음을 얻는 것이 중요하며, 그렇게 얻은 진리가 본인을 구원하고 영원한 세상의 빛이 된다는 것을 강조하는 것이라고 할 수 있다.

「침묵의 방」은 실제 시인의 불교적 수행체험을 적은 작품이다. 석가의 깨달음의 과정을 시로 옮긴 그는 스스로 수행자가 되어 그 체험을 시로 적고 있다. 그가 강조한 대로 깨달음이 경전이 아닌 사색을 통해 이루어진다는 것을 실현해보고 있는 것이다. (……)

이 점에서 시인의 삶에 대해 전하는 「시인은 위대한 전사이다」라는 시의 탄생은 최동호 시인에게 자연스러운 시의 경로로 보인다. 그는 이 시에서 먼저 이승의 시간을 돌아본다. 이승이 눈 한 번 깜박할 시간이라는 시인의 인식은 불교적 시간관의 표출이다. 불교에선 이승이 영겁의 세월에 비할 때 한 순간, 즉 찰나에 불과한 것이라고 여긴다. 그렇게 짧은 이승의 세월을 이길 자는 아무도 없을 것이라고 그는 말한다. 그런데 이어서 시인이란 자는 그런 순간의 시간에 도전하는 사람이니 위대한 전사가 아니냐고 그는 반문한다. 시인은 짧은 순간과 싸워 영원히 남을 시를 쓰는 자이니 시간에 도전하여 시간과 싸우는 전사라고 하지 않을 수 없다.

이 시는 최동호의 시인으로서의 자의식과 소명의식이 그대로 반영된 작품이라고 할 수 있다. 이승이 찰나라는 것을 몸으로 절감할 나이임에도 시에 전심전력하는 그의 투지 넘치는 시 창작 열정이 이 시에서 생생히 느껴진다. 앞으로 시간은 더 짧게 느껴지겠지만, 그럴수록 그는 더 치열하게 시를 쓸 것이고, 그의 정신주의 시는 더 깊어질 것이다.

고형진(문학평론가, 고려대 교수), 「동양의 정신주의와 시인의 소명의식」, 『시인수첩』 2022년 봄호

제3부

수원의 노래

I. 수원 남문 언덕 4악장

1. 풍상의 세월
2. 들꽃 입술
3. 영혼의 푸른 책
4. 검푸른 팔달산

수원 남문 언덕

1. 풍상의 세월

최 동 호 시
김 희 원 곡

K.H.W

1. 풍상의 세월

1. 풍상의 세월

1. 풍상의 세월

1. 풍상의 세월

1.풍상의 세월

2. 들꽃 입술

168 수원 남문언덕의 노래

2. 들꽃 입술

2. 들꽃 입술

2. 들꽃 입술

2. 들꽃 입술

2. 들꽃 입술

수원 남문 언덕

3 영혼의 푸른 책

최 동 호 작시
김 희 원 작곡

K.H.W

3 수원 남문 언덕

3 수원 남문 언덕

3 수원 남문 언덕

3 수원 남문 언덕

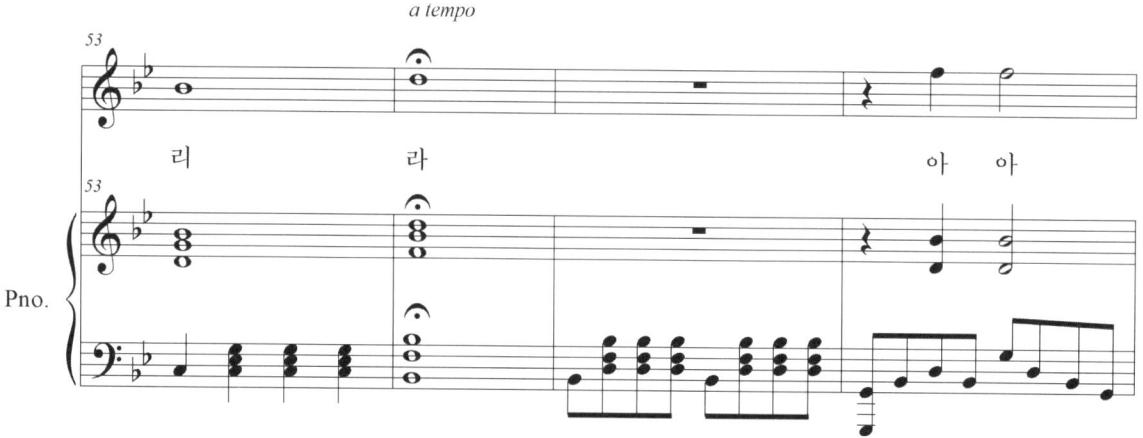

3 수원 남문 언덕

6

남 문 언 덕 —

수원 남문 언덕
4.검푸른 팔달산

최동호 작시
김희원 작곡

K.H.W

4. 검푸른 팔달산

4. 검푸른 팔달산

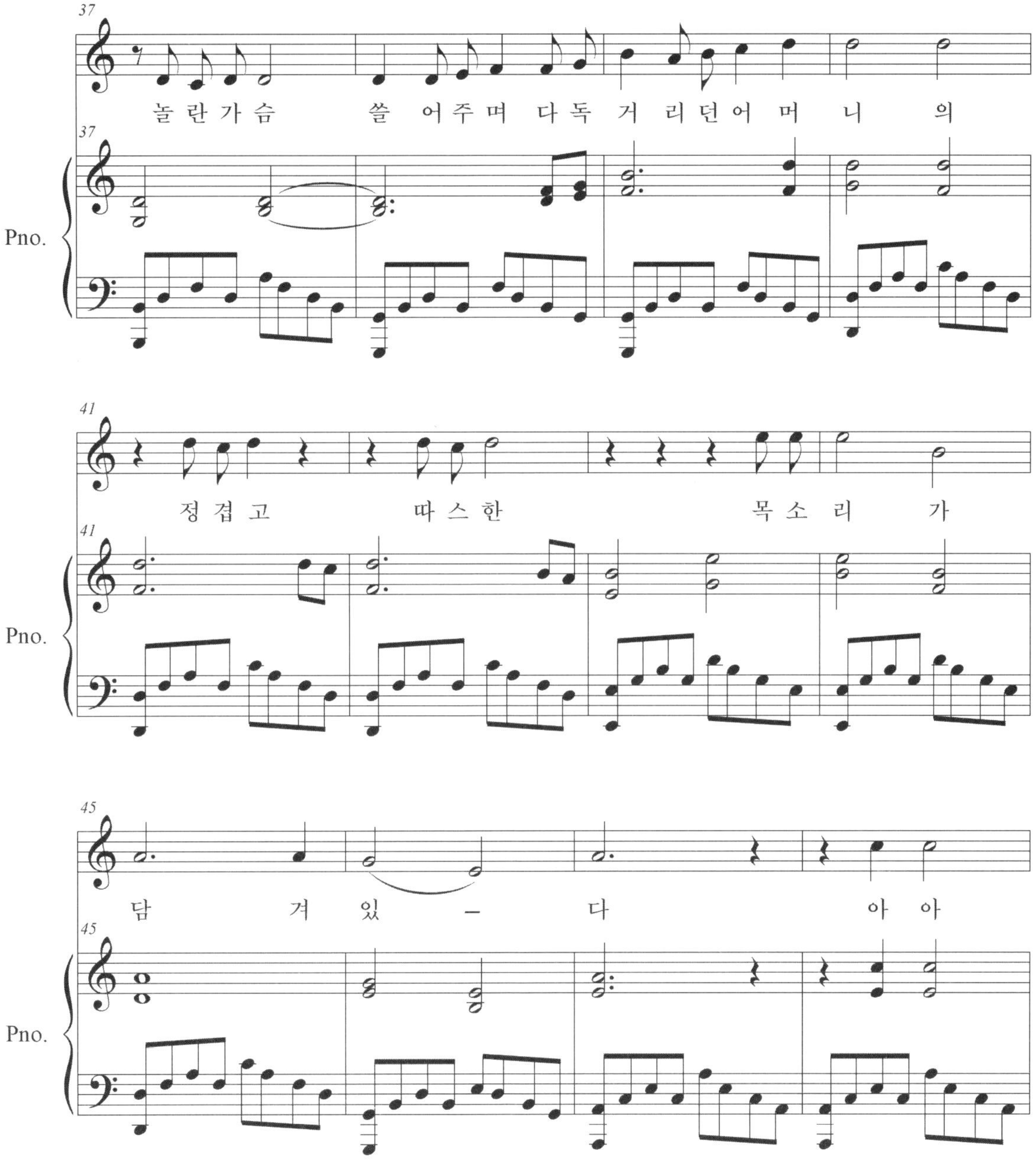
37
놀 란 가 슴 쓸 어 주 며 다 독 거 리 던 어 머 니 의
Pno.
41
정 겹 고 따 스 한 목 소 리 가
Pno.
45
담 겨 있 — 다 아 아
Pno.

4. 검푸른 팔달산

II. 수원 남문 언덕

수원 남문 언덕

수원 남문 언덕

최동호 시/김상균 곡

Ⅲ. 팔달산 아이들

팔달산 아이들

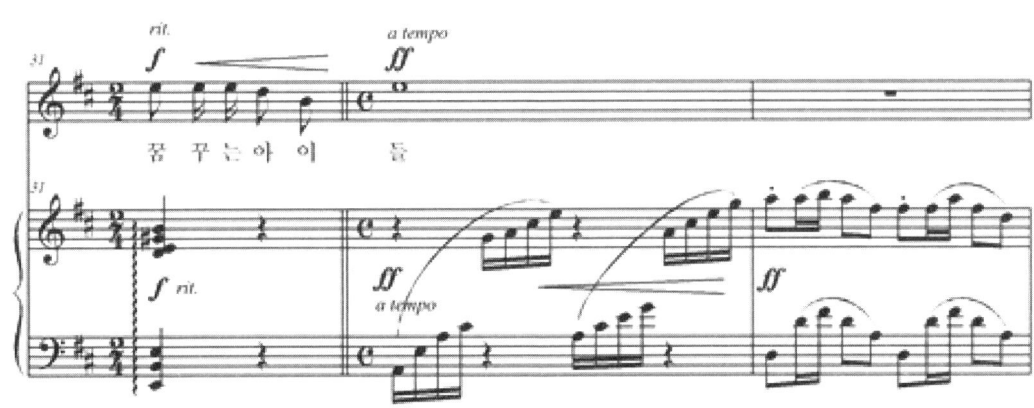

IV. 화령전

화령전

작시 최동호
작곡 정덕기
2015. 3. 24.

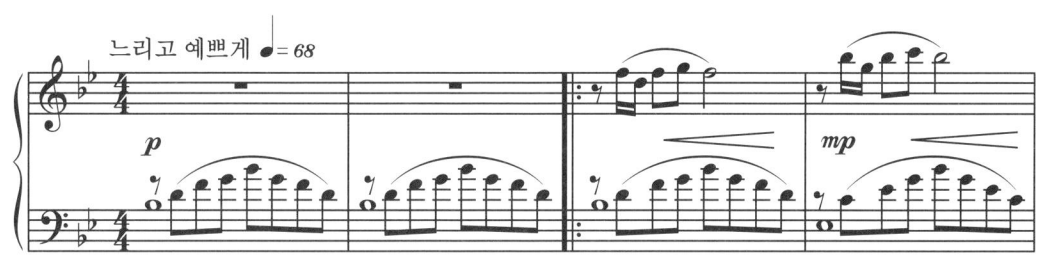

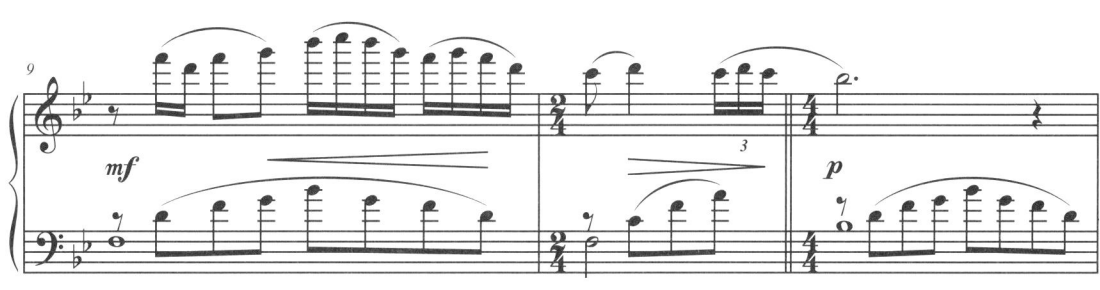

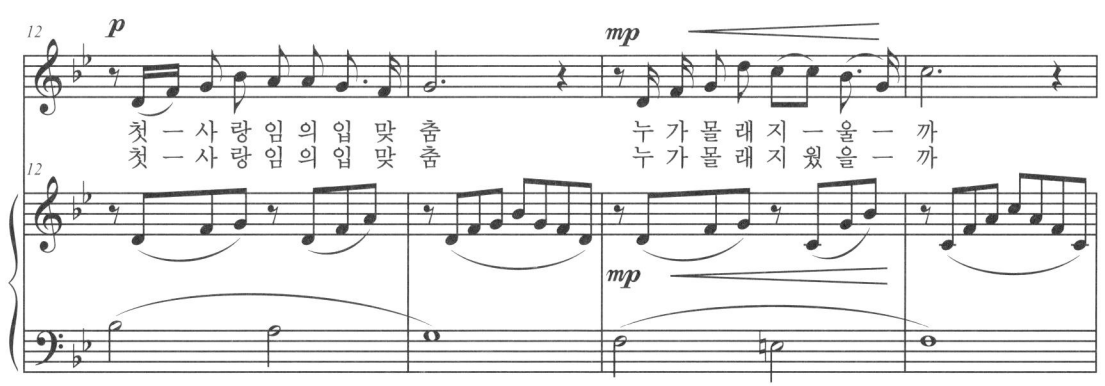

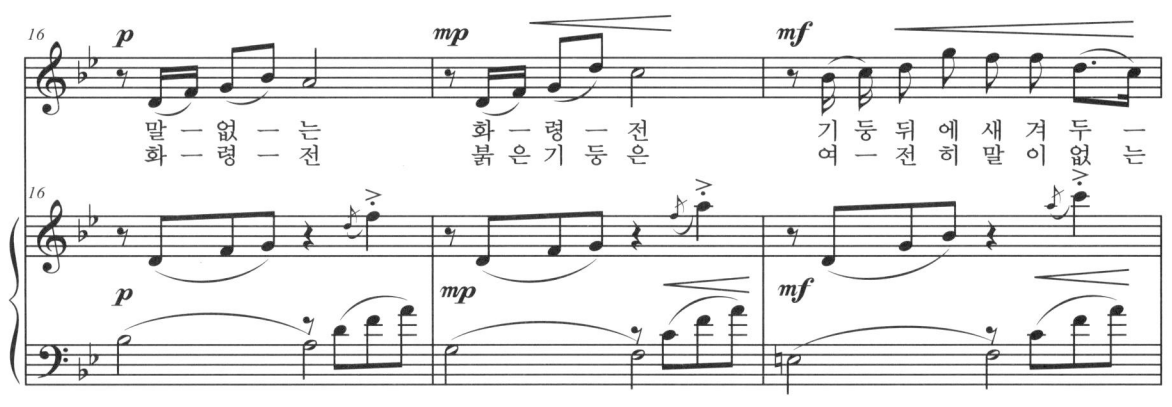

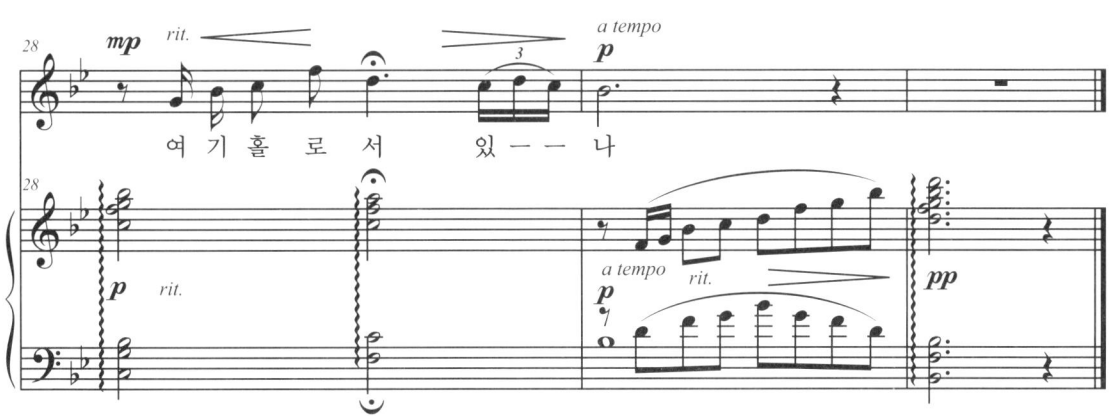

V. 산등성이 다람쥐

산등성이 다람쥐

최동호 작사
송택동 작곡

Ⅵ. 문득 생각난 사랑

Ⅶ. 꽃 한송이 기리는 삼월의 노래

꽃 한 송이 기리는 삼월의 노래
-만해 선생의 넋을 추모하며-

작시 최동호
작곡 정덕기
2021. 3. 17.

최동호(崔東鎬, CHOI DONG HO) 연보

1948년 8월 26일 경기도 수원시 인계동 출생. 남창동에서 남창초등학교와 수원중학교를 다녔으며 목포 유달중학교로 전학.

1963년 3월 양정고등학교 입학.

1966년 2월 양정고등학교 졸업.

1966년 3월 고려대학교 국어국문학과 입학.

1970년 2월 고려대학교 국어국문학과 졸업. 3월 육군 소위 임관.

1972년 6월 육군 중위 전역.

1973년 3월 고려대학교 대학원 석사과정 입학.

1976년 3월 고려대학교 문과대 강사.

1979년 3월 경남대 국어교육과 전임강사.

1981년 3월 경남대 국어교육과 조교수. 6월 경희대 문리대 조교수 역임. 8월 고려대학교 대학원에서 「韓國現代詩에 나타난 물의 心象과 意識의 硏究 : 金永郎, 柳致環, 尹東柱의 詩를 中心으로」로 문학박사 학위 취득.

1988년 2월 경희대 문리대 부교수 퇴직. 3월 고려대학교 문과대학 국어국문학과 부교수.

1991년 6월 소천 이헌구 비평문학상 수상.

1992년 12월 미국 IOWA 대학 명예교우.

1993년 9월 일본 와세다 대학교 방문 연구교수.

1996년 3월 제1회 시와 시학상 평론상 수상. 5월 제1회 현대불교문학상 시 부문 수상.

1998년 12월 김환태 비평문학상 수상.

1999년 4월 편운문학 평론 부문 대상 수상. 9월 미국 UCLA 방문 연구교수.

2004년 4월 한국시학회 회장.

2005년 5월 고려대학교 100주년 기념가 작시.(작곡, 한국예술종합학교 총장 이건용) 9월 양정고등학교 창학 110주년 기념가 작시.(작곡, 서울음대 김정길 교수)

2006년 6월 한국문학평론가협회 회장.(2008년 5월까지) 8월 고려대학교 대학원장.(2008년 7월까지) 10월 제14회 대산문학상 수상.(평론 부문)

2008년 3월 학교법인 심연학원 이사.

2009년 6월 중국 칭하이 제2회 국제시낭송축제 참가. 8월 제9회 고산 윤선도 문학상 현대시 부문 대상 수상. 10월 제4회 혜산 박두진 문학상 수상.

2011년 12월 스웨덴 노벨상위원회 시상식 공식초청 문인 최초 참가.

2012년 3월 호암문화재단 이사. 6월 한국문학번역원 이사.

2013년 8월 고려대학교 문과대학 국어국문학과 정년 퇴임. 8월 유심 작품상 시 부문 문학상 수상. 8월 녹조근정훈장 수여. 9월 고려대학교 명예교수 겸 경남대학교 석좌교수 역임. 12월 수원시 인문학자문위원회 위원장.

2014년 2월 수원중학교 명예 졸업. 비영리법인 홍재학당 이사장 역임.

2015년 3월 모크스바대학에서 오세영, 신달자 시인과 한국어 시낭독회. 9월 소나기마을 황순원 문학 연구상 수상.

2016년 3월 한국시인협회 회장. 5월 모스크바 외국문학도서관에서 이근배, 문정희 시인과 시낭독. 11월 수원에서 전국 시인대회 개최.

2017년 8월 조선일보주관 만해상 대상 수상. 10월 수원시민의 날 수원 시인상 수상.

2018년 3월 12월 모스크바대학에서 러이사어 시집 출판 기념 시낭독회 개최. 북경에서 한중시낭독회 참가.

2019년 2월 베트남의 국제시인대회 참가. 6월 루마니아 국제시인대회 참가. 루마니아 에미네스쿠 골드메달 수상. 9월 대한민국 예술원 문학분과 회원 선출. 수원시 문화상 학술부문 수상. 12월 몰도바공화국 작가연맹 문학상 수상. 양정고 총동창회로부터 자랑스러운 양정인상 수상.

2021년 10월 5일 미국 제18회 제니마 문학상 수상.

출간 저서

1. 시집

1976년 『황사바람』(열화당)
1988년 『아침책상』(민음사)
1995년 『딱따구리는 어디에 숨어 있는가』(민음사)
2002년 『공놀이하는 달마』(민음사)
2009년 『불꽃 비단벌레』(서정시학)
2011년 『얼음 얼굴』(서정시학)
2013년 한국 대표시 100인선 『병속의 바다』(시인생각)
2014년 『수원 남문 언덕』(서정시학)
2019년 『제왕나비』(서정시학)
2021년 『황금 가랑잎』(서정시학)

2. 시론 및 평론집

1985년 『현대시의 정신사』(열음사)
1987년 『불확정 시대의 문학』(문학과 지성사)
1991년 『평정의 시학을 위하여』(민음사)
1995년 『삶의 깊이와 시적 상상』(민음사)
1997년 『하나의 도에 이르는 시학』(고려대 출판부)
1999년 『시 읽기의 즐거움』(고려대 출판부)
2000년 『디지털 문화와 생태 시학』(문학동네)
2004년 『현대시사의 감각』(고려대 출판부)
2006년 『진흙 천국의 시적 주술』(문학동네)
2008년 『정지용-그들의 문학과 생애』(한길사)
2012년 『디지털 코드와 극서정시』(서정시학)
2013년 『정지용시와 비평의 고고학』(서정시학)

2015년 『황순원 문학과 인간 탐구』(서정시학)
2015년 『최동호 평론선집』(지식을 만드는 지식)
2022년 『조지훈과 현대불교시』(고려대 출판부)

3. International Editions of Book of Poems

1992 『Trees Wet with Rain』(English)
2005 『Korean Buddhist Poems』(English)
2018 『МОРЕ В БУТЬIΛКЕ (Sea in a Bottle)』(Russian)
2021 『Monarch Butterfly』(English)
*Poems in Chinese, Japanese, Mongolian, French, Italy, Rumanian.